DAS *Alpenländische* DIRNDL *Tradition und Mode*

TEXT VON GEXI TOSTMANN

UNTER MITARBEIT VON
KARIN HAUSHERR UND BIBI MITERBAUER

MIT 66 ABBILDUNGEN,
DAVON 33 IN FARBE,
UND 48 STRICHZEICHNUNGEN

VERLAG CHRISTIAN BRANDSTÄTTER · WIEN - MÜNCHEN

Abbildung Seite 2:
Eleven der Ballettschule der österreichischen Bundestheater in stilisierter Tracht.

Oben:
Segeln am Attersee: die Herren in vorschriftsmäßiger Segelkleidung, die Dame im ländlichen Leiblkittel. Das Dirndl, ursprünglich Arbeitskleid der jungen Bauerndirn, war seit Mitte des 19. Jahrhunderts als Sommerfrischenkleidung gesellschaftsfähig geworden. Um 1912.

Rechts:
Entspannen am See, um 1995: Leiblkittelvariationen.

Oben und gegenüberliegende Seite:
Bootsfahrten am Attersee.
Um 1920.

Rechts:
Zeitgenössische Tiroler Trachten, Tonfiguren von Leopold Kelderer aus Hall in Tirol. 1839.

Rechts:
Erzherzog Johann und Anna Plochl, Tochter des Ausseer Postmeisters, in stilisierter Salzkammerguttracht. Aquarell des Kammermalers Matthäus Loder. 1823.

Gegenüberliegende Seite:
Eine Delegation von Ischler Bürgern empfängt den höchsten Gast: Kaiser Franz Joseph I., der von 1849 bis 1914 seine Sommerresidenz in Ischl hatte. Speziell für die Jagd trug er die Tracht der heimischen Jäger; damit wurde diese Kleidung international gesellschaftsfähig.

Weihnachten 1943: Gexi Tostmann in ihrem ersten Dirndl mit weißer Strumpfhose und Schnurstiefletten, streng nach Trachtenknigge.

Die Geschichte des Dirndls im Spiegel einer Familiengeschichte

Seit Generationen „weilte“ die Familie meiner Mutter zur Sommerfrische im Salzkammergut, und so war es naheliegend, daß sich meine Mutter in den Wirren der Nachkriegszeit mit ihren zwei kleinen Töchtern in die elterliche Sommervilla rettete. Die Zeiten waren schlecht, die Stoffknappheit groß, und wir hatten nichts anzuziehen. Meine Mutter jedoch war um Einfälle nicht verlegen. Mit Phantasie und handwerklichem Können – sie war Schülerin des exzentrischen Modeschöpfers Eduard Wimmer-Wisgrill gewesen – zauberte sie aus alten, Gott sei Dank nicht mehr benötigten Uniformstücken, aus Fahnen, die zu hissen niemand mehr gezwungen war, und aus zerschlissenem Bettzeug „Notlösungen“, die sich noch dazu sehr gut in das einfügten, was man am Ort trug. Diese „Dirndlkleider“, die wir im Sommer – wir gingen natürlich barfuß – ohne Bluse, bestenfalls mit einer Schürze kombiniert, trugen, wurden im Herbst und Winter, wenn es kalt wurde und die Winde pfiffen, nach und nach ergänzt: mit einer Bluse, einem Unterrock, warmer Unterwäsche, Wollstrümpfen, Schuhen, Stiefeln, Wolljäckchen und Wetterfleck. Wenn dann endlich der Frühling kam, begannen wir uns, sehr zu unserer Freude, wie eine Zwiebel wieder zu schälen.

Seit der Mitte des 19. Jahrhunderts hatte sich im Salzkammergut ein Kleidungsstil entwickelt, der in Anlehnung an das bäuerliche Arbeitskleid von aristokratisch-bürgerlichen Kreisen kreiert und kultiviert wurde. Das, was das „Dirndl“, die Magd oder Sennerin, zu tragen pflegte, nämlich das Leibchen (ursprünglich in der Funktion eines Büstenhalters) und der Kittel (eigentlich der Unterrock), das „G'wand“ mit dem Armeleutegeruch, das gleichzeitig auch als „Unterg'wand“ eine gewisse Laszivität ausstrahlte, wurde damit gesellschaftsfähig.

In der Geschichte unserer Familie und in ihrer Beziehung zur Tracht – dokumentiert durch viele alte Photos – lassen sich typische Phasen beobachten, die stellvertretend für eine allgemeine Entwicklung gesehen werden können.

Am 11. Januar 1872 heiratete meine Urgroßmutter Maria, die bildschöne Tochter des Linzer Bäckermeisters Josef Ramsauer, den angesehenen Linzer Kaufmann Ludwig Christ. Der Vater der Braut wußte die Ehre dieser neuen feinen Verwandtschaft – laut Familienchronik haben ihm besonders die Tennis spielenden Schwestern des jungen Ehemannes imponiert – zu schätzen, und er ließ sich bei der Mitgift nicht lumpen. Er und seine Frau Theresia, beide aus dem Salzkammergut gebürtig, hatten nicht nur in Linz Besitz, sondern auch in Seewalchen am Attersee. Das sogenannte „Jägerhäusel am See“ war, mit Unterbrechungen, schon seit längerer Zeit im Besitz der Familie Ramsauer, und zu

Tennisspieler im Salzkammergut, um 1919: Für die Damen ist das Dirndl die richtige Kleidung für jede Gelegenheit, während die Herren einen modischen Sportanzug oder vorschriftsmäßige Tenniskleidung tragen.

Junge Mädchen in Leiblkitteln, um 1985. Nahezu unverändert seit 150 Jahren, trotzdem offen für „zeitgeistige" Stilelemente. das Dirndl, kombiniert mit den unvermeidlichen Turnschuhen der Gegenwart.

diesem Haus erwarben die stolzen Brauteltern nun noch das benachbarte „Bäckerhaus". Aus diesen beiden bescheidenen Handwerkerhäuschen entstand die „zur damaligen Zeit als sehr schön geltende Villa"(Dorfchronik), welche die junge Maria Ramsauer als standesgemäße Mitgift mit in die Ehe brachte.

In diesem später allgemein als „Christ-Villa" bekannten Landhaus, einem der ersten am Attersee (neben ihm gab es nur noch eine Villa in Nußdorf und eine in Burgau), verbrachte das Ehepaar Christ jeden Sommer. Mein Urgroßvater, ein äußerst geselliger Mensch, hatte in der Seewalchener Umgebung nicht viel Abwechslung und überredete daher seine Linzer Tarockfreunde, sich ebenfalls in Seewalchen niederzulassen. Die vier Linzer Villenbesitzer sanierten das völlig verwahrloste Seeufer durch die Errichtung von Kaimauern und Seegärten und traten außerdem unentgeltlich Grundstreifen ab, so daß die Anlage einer Seepromenade möglich wurde. Die Wiener Villenbesitzer allerdings, die daran anschließend ihre Grundstücke hatten – inzwischen war der Attersee, das Tor zum Salzkammergut, auch von Bürgern aus der Hauptstadt entdeckt worden –, verweigerten jede Grundabtretung. Sie hatten schließlich auch keinerlei persönliche oder familiäre Beziehung zur Gemeinde und ihren „Ureinwohnern".

Maria Christ, geb. Ramsauer, im Bürgerkleid mit der Linzer Goldhaube.

Was aber trug man in der Sommerfrische am Attersee?

Meine Urgroßmutter war trotz oder vielleicht gerade wegen ihrer einfachen Herkunft immer besonders elegant und modebewußt gekleidet. Die einzige Tracht, die sie akzeptierte und in der sie sich auch abbilden ließ, war die Goldhaubentracht der Linzer Bürgerin. Kleid und Haube hat meine Mutter geerbt, die noch vor einigen Jahren zu bestimmten Anlässen die Goldhaube trug, allerdings mit einer erneuerten Tracht; das dazugehörige Kleid meiner Urgroßmutter hätte den Rahmen gesprengt. Heute liegt die Goldhaube in einer Vitrine und bildet den Grundstock einer inzwischen schon bedeutenden Haubensammlung, und meine Mutter setzt bei dergleichen Gelegenheiten ein schwarzes Seidentafttuch auf. Diese „Flügelhaube", vor allem in der bäuerlichen Tracht zu finden, ist sehr dekorativ und wird in den verschiedenartigsten Bindungen getragen (noch heute gibt es in der Gemeinde Attersee eine katholische und eine evangelische Bindung). Befestigt wurde das Tuch mit einer Nadel; einige Bäuerinnen ließen sich sogar zwei Löcher in die Kopfhaut stechen, um das Tuch besonders sicher befestigen zu können. Das Flügelhaubentuch führt heute ein Mauerblümchendasein, eine Tatsache, die mir unverständlich ist, denn diese Kopftracht erlaubt viel mehr Varianten als die Goldhaube; die strengen Vorschriften, die zum Teil erst mit der Renaissance der Goldhaube entstanden sind, fallen hier weg. Man kann das Tuch laut Trachtenknigge sowohl zum einfachen „Leiblkittel" als auch zum aufwendigen Bürgerkleid aus Seidenbrokat tragen, und die Bindungen wirken zum Teil topmodisch und wären auch in einem internationalen Modejournal am Platz.

Für meine Mutter ist das schwarze Flügeltuch, das sie mit einigen wenigen Bäuerinnen der Gemeinde trägt, eine Art von Protestkleidung; für meine Urgroßmutter wäre diese bäuerliche Variante untragbar gewesen.

Anders verhielt es sich bei meiner Großmutter. Ende des 19. Jahrhunderts verwandelte sie sich während der Sommerfrische in ein stilisiertes Landmädchen: gutsitzender Leiblkittel, der eine perfekte Schneiderin verriet, dekorativer Strohhut, Seidenstrümpfe und zierliches Schuhwerk. Maria Christ, einzige Tochter des Kaiserlichen Rates Ludwig Christ, im Kreise ihrer Freundinnen (Töchter der Tarockfreunde des Vaters) am Radlbock, mit Heurechen, Mostkrug, Milchkanne und Bauernbrot: ein verklärtes Spiegelbild des bäuerlichen Lebensbereiches. Meine Großmutter hatte bereits eine andere Beziehung zu ihren einfachen ländlichen Vorfahren; die reale Distanz ermöglichte ihr eine spielerische Annäherung. Dazu kam sicher auch das Vorbild der damaligen Zeit: Kaiser Franz Joseph I., der Sommer für Sommer im nahen Ischl seine Jagdgesellschaft versammelte, kleidete sich gern in der Art der einheimischen Jäger, der Hof folgte seinem Beispiel, und die Salzkammerguttracht war dadurch „geadelt", wurde „salonfähig".

Das Dirndl, das meine Großmutter auf einem Photo trägt, habe ich beim Stöbern in alten Trachtenkatalogen wiederentdeckt. Die Firma Loden-Plankl hat 1893 ein „Costüm-Album von National-Trachten und Typen für Damen" herausgebracht. Unter der Leitung des „Malers Herrn Franz Gaul, Ober-

Maria Fischer, geb. Christ (rechts sitzend), im Leiblkittel mit schwarzem Flügeltuch, mit Freundinnen in Seewalchen. Um 1890.

Inspectors am k. k. Hof-Operntheater in Wien", entstanden drei Serien zu je vierundzwanzig Blättern. Abgesehen von der organisatorischen und kaufmännischen Leistung, die dieser „Warenkatalog" darstellt, bietet er eine wahre Fundgrube für Trachtenforscher und Liebhaber. „Sämmtliche Costüme" der abgebildeten Figurinen waren „vorräthig" oder wurden nach Maß angefertigt,

Sommerfrischenachwuchs: Paula und Stella (Urenkelinnen von Marlen Tostmann-Fischer) mit ihren Cousinen aus Deutschland. Seewalchen 1997.

und wie viele Photos nicht nur aus unserem Familienkreis beweisen, wurde davon reger Gebrauch gemacht. Daß diese „Costüme" zum Teil sehr frei nachempfundene Bühnen- oder Faschingskostüme waren, wird auch dem Laien beim Durchblättern bewußt.

Maria Christ hatte sichtlich das Modell „Unterach" erworben oder nachempfunden. Vom Modell „Ischl-Aussee" hatte sie das schwarze Kopftuch übernommen (das dazugehörige, etwas verkitschte Schnürmieder zu meiner Freude jedoch nicht). Mit intuitivem Stilgefühl hatte sie sich, wie viele Sommerfrischler jener Zeit, eine harmonische und verfeinerte Abwandlung der einheimischen Kleidung zu eigen gemacht. Dieser Stil ist in unserer Familie auch von der nächsten Generation übernommen worden.

Die drei Töchter der Maria Christ – meine Mutter war die Nachzüglerin – trugen selbstverständlich auf dem Land ihr Dirndlgewand, der Sohn den Loden- oder Leinenspenzer und die Lederhose, letztere mit besonderem Stolz, seit er bei einer Landpartie durch das Weißenbachtal dem Kaiser und seiner Jagdgesellschaft begegnet war. Denn als Franz Joseph näherkam, machte der Kleine eine Beobachtung, die er zum Entsetzen seiner Mutter folgendermaßen und lautstark kommentierte: „Schaut's, der Kaiser hat dieselbe Lederhos'n wie ich!“ Das Entsetzen meiner Großmutter ward durch das huldvolle Lächeln und Winken des kaiserlichen Herrn besänftigt und die Familienchronik um eine weitere Geschichte bereichert.

Auch mein Großvater war – zum Leidwesen seiner Frau – ein geselliger Mensch und lud immer viele Gäste ins Haus, die entweder in todschicker Badekleidung, in streng normierter Segel- oder Tenniskleidung oder im ländlichen Gewand (mit gewissen modischen Elementen) erschienen. Es gab aber sichtlich Anlässe, bei denen meine Großmutter sehr elegant auftrat, und das sorgfältig überlegt. Denn es kann kein Zufall sein, daß sie auf dem Photo vom Besuch Emilie Flöges in einem äußerst dekorativen modischen Kleid zu sehen ist. Emilie Flöge, die in der benachbarten Paulick-Villa wohnte, führte gemeinsam mit ihren Schwestern Helene und Pauline einen berühmten Modesalon in Wien. Ihre lebenslange Freundschaft mit Gustav Klimt (ich erinnere mich, daß meine Tante, als ich ein Kind war, von Emilie Flöge als der „himmlischen Braut“ sprach, worunter ich mir nichts vorstellen konnte; es klang nur sehr verzaubert) prägte sicher ihre Arbeit, war aber auch bestimmend für die Zusammensetzung der sich Jahr für Jahr am selben Ort zusammenfindenden Sommerfrischler. Es muß eine wundervolle Mischung gewesen sein: erfolgreiche Geschäftsleute, phantasievolle Künstler und allesamt Individualisten, die meist mit großer Familie den Sommer am Attersee verbrachten. Man unternahm Landpartien, genoß Luft und Wasser, spielte Theater und konnte in dieser fröhlichen, unbeschwerten Atmosphäre neue Kraft schöpfen. Und die Kinder wuchsen in der Sommerfrische problemlos in die Welt der Erwachsenen hinein (der graue Alltag in der Stadt bedeutete zumindest in unserer Familie eine strenge Trennung von Kinder- und Erwachsenenwelt).

Die Geschwister von Marlen Fischer in Seewalchen. Um 1912.

Und was war das für eine lebendige Welt! Da gab es zum Beispiel die Familie Schreiner, die direkt neben der Christ-Villa im alten Scheckenberghäusel, dem einzigen bis heute in seiner ursprünglichen Form erhaltenen Bauernhaus, wohnte. Um sie rankte sich eine Fülle von Anekdoten. Als Kind hat mich vor allem die Geschichte mit dem Zopf fasziniert: Vater Schreiner, ein bekannter Burgschauspieler, der Maria Paulick, die Tochter aus reichem Haus, geheiratet hatte, war ein Haustyrann und Geizhals. Um ihr karges Haushaltsgeld aufzubessern, hortete seine geplagte Frau, die zum Glück über einen besonders üppigen Haarwuchs verfügte, jedes einzelne ausgefallene Haar, um die auf diese Weise zustande gebrachten Zöpfe dann an einen Friseur zu verkaufen. Die aufkommende Kurzhaarmode ließ diese Einnahmequelle leider versiegen. Bis Linz schien der Bubikopf aber noch nicht vorgedrungen, und so beauftragte die verzweifelte Maria Schreiner meine Großmutter mit dem Verkauf ihres Haares. Diese löste das Problem auf ihre Art: Als sie den Zopf nicht mehr an den Mann (oder an die Frau) brachte, verbrannte sie ihn kurzerhand und schickte ihrer Sommerfrischennachbarin die entsprechende Summe vom eigenen Haushaltsgeld.

Gustav Klimt, Emilie Flöge und Helene Schreiner am Attersee. Um 1913.

Die drei Kinder des Ehepaars Schreiner stechen auf den alten Photos deutlich hervor: sie hatten kahlgeschorene Köpfe. Drei Kahlgeschorene, zwei davon im Dirndl, das dritte in der obligaten Lederhose. Als Kind war es für mich ein Problem, die etwas bösartige, aber sehr witzige „Tante Mizzi", die altjüngferliche „Tant' Helen'" und den durchgeistigten „Onkel Leo" mit diesen großäugigen, schönen Kindern auf dem Photo in Verbindung zu bringen.

Tante Mizzi Schreiner muß als junge Frau eine ausgesprochene Schönheit gewesen sein. Sie hatte zahllose Verehrer und heiratete einen Grafen Medici; der klingende Name tröstete sie nur schwer über den frühen Tod ihres Mannes hinweg. Uns Kindern erzählte sie viel von berühmten Männern, mit denen sie bekannt gewesen war, etwa von Rainer Maria Rilke, Richard Teschner und Gustav Klimt. Letzteren schätzte sie übrigens nicht besonders – der „alte Waldschrat" sei ihrer Tante Emilie Flöge niemals würdig gewesen, meinte sie. Von Gustav Klimt stammte übrigens eine treffende Bemerkung über meine Tante Irma, die älteste Schwester meiner Mutter: „der Kopf eines Botticellischen Engels auf dem Körper eines Rubensschen Weibes". Der Rubens-Einschlag ist ein Erbübel unserer Familie und mit ein Grund, warum wir bis zur heutigen Generation so gerne Dirndl tragen. Ein solches, rot-weiß kariert, trug die schöne Tante Irma auch, als sie bei einem Kostümfest in ihrem Lausanner Mädchenpensionat als Wiener Wäschermädel den ersten Preis errang. Und sogar zum Segeln auf dem Attersee erschien sie im Dirndl.

Die Fischer-Geschwister waren zum Teil schon erwachsen – Irma stand kurz vor der Niederkunft –, als meine Mutter, angeblich völlig überraschend, auf die Welt kam. Sie wuchs mit den Kindern ihrer Geschwister auf und muß eine glückliche Kindheit gehabt haben, behütet und verwöhnt; der frühe Tod der Mutter ging ihr äußerst nahe. Das außerordentlich sensible und begabte Mädchen versagte in der Schule, doch zum Glück setzte sich ihr Zeichenprofessor für sie ein und überredete die Familie dazu, ihre Zustimmung zum Besuch der Kunstgewerbeschule am Stubenring, der heutigen Akademie für angewandte Kunst, zu geben. Meine Mutter trat in die Modeklasse von Professor Eduard Wimmer-Wisgrill ein, der auch für die Wiener Werkstätte arbeitete. Die Tracht war ihm ein besonderes Anliegen, vor allem die Beziehung zwischen Tracht und Mode. Seiner Meinung nach hatte die Tracht männlichen und die Mode weiblichen Charakter; die Wechselwirkung bezeichnete er als „Ausdruck einer glücklichen Ehe“.

Familie Fischer und Freunde bei einer Laienaufführung in Seewalchen. Um 1920.

In ihrer Freizeit besuchte meine Mutter häufig das Österreichische Museum für Volkskunde, in dessen Nähe sie wohnte. Hier, vor den Vitrinen voller Originaltrachten aus der gesamten Österreichisch-Ungarischen Monarchie, wurde sie zum ersten Mal mit den Bestrebungen zur Erhaltung und Erneuerung der Tracht konfrontiert. Das Problem der Trachtenpflege fesselte sie, sie begann Hauben zu sammeln, untersuchte die alten Mieder auf Paßform, Schnitt und Verarbeitung und vertiefte sich in die Fachliteratur. Bald erhielt sie auch Aufträge für Bühnenkostüme, sie konnte also ihr Hobby schon sehr früh beruflich verwerten. Durch ihre Arbeit gewann sie engen Kontakt zu Künstlerkreisen, die sie im Sommer auch nach Seewalchen zog.

Nach wie vor verbrachte die ganze Familie die Ferien in der inzwischen vergrößerten Christ-Villa am Attersee. Und hier trug meine Mutter – im Gegensatz zu Wien – fast ausschließlich Dirndl, allerdings Dirndl, welche die Mode der zwanziger Jahre verrieten. Sie war damit in guter Gesellschaft, denn auch viele Künstlerinnen der Salzburger Festspiele, die während des Sommers am Attersee ihr Domizil aufschlugen, zeigten sich gern in diesem Gewand. Paula Wessely etwa und Helene Thimig wurden zu Botschafterinnen der österreichischen Trachtenmode, die vor allem durch eine Frau internationale Berühmtheit erlangte: Marlene Dietrich. Die Femme fatale des deutschen und amerikanischen Films erregte im Salzkammergut riesiges Aufsehen, als sie eines Tages in Männertracht – heute würde man sagen, im Hosenanzug im Austrian Look – in einer Zille über den See ruderte. Ihr Beispiel fand keine Nachahmerinnen, denn so sehr dieser Auftritt auch bewundert wurde, keine der Sommerfrischlerinnen, und mochte sie noch so modebewußt sein, und schon gar keine

Salzburger Prominenz als Botschafter der österreichischen Trachtenmode: Paula Wessely, Helene Thimig, Max Reinhardt. Um 1930.

der Einheimischen hätte es gewagt, sich in einem derartigen Aufzug in der Öffentlichkeit zu zeigen.

Aber nicht nur die Salzburger Festspiele, auch die Feste in Schloß Kammer, von Rittmeister Jeszensky und Eleonore von Mendelssohn veranstaltet, zogen viele interessante Gäste aus aller Welt an. Es muß optisch eine reizvolle Mischung gewesen sein – die internationale Mode hinterließ Spuren bei der Tracht und umgekehrt.

Dann kam die große Wende: das Jahr 1938, der „Anschluß" an das Deutsche Reich. Meine Mutter, die ein völlig unpolitischer Mensch war, empfand lediglich gelinde Schauder beim Anblick der unschicken BDM-Uniformen. Der Umsturz hatte jedoch für sie – indirekt – private Folgen: Ein junger Mann aus Hamburg bezog ein Büro in Lenzing, in einem von Hitlers Paradeunternehmen, und gab sich in seiner Freizeit am Attersee einem nicht ungewöhnlichen Vergnügen hin: er segelte. Obwohl meiner Mutter dieser Sport schon in früher Jugend verleidet worden war, zeigte sie sich plötzlich daran äußerst interessiert. Und so nahmen die Dinge ihren Lauf.

Ein Jahr nach der Hochzeit wurde ich geboren, während mein Vater im Konzentrationslager saß. Meine Mutter brachte es mit Hilfe von Verwandten zustande, daß er wieder entlassen wurde – welche Gründe dafür ausschlaggebend waren, weiß ich bis heute nicht. Kurz darauf mußte er an die Front. Nach dem Krieg fanden meine Mutter und mein Vater bei Verwandten in Norddeutschland Aufnahme. Aber meine Mutter konnte das Heimweh auf Dauer nicht unterdrücken, und so packte die Familie ihre Koffer – inzwischen war auch meine Schwester Katrin auf die Welt gekommen – und übersiedelte in ihr geliebtes Seewalchen.

Man schrieb das Jahr 1949 und die junge Familie wußte nicht, wovon sie leben sollte. Aber meine Eltern fanden bald eine Lösung. Meine Mutter erinnerte sich, was sie an der Kunstgewerbeschule gelernt hatte, verschaffte sich einen Webstuhl und begann aus diversen Stoffresten die ersten Fleckerlteppiche zu weben. Bald kamen auch Schafwollteppiche und Bordürenstoffe hinzu. Von da zum selbstgewebten Dirndl war es nicht weit.

Wäschewaschen im Schreiner-Seegarten, Seewalchen. Um 1930.

Das erste Dirndl wurde bestellt und mit einem Laib Käse bezahlt. Die Sache sprach sich herum, und der Erfolg war nicht mehr aufzuhalten. Je mehr die „Produktion“ aber zunahm, desto bedrängender wurde die häusliche Enge. Familie, Webstuhl, Singer- Nähmaschine (ein wahrhaft antikes Stück) – der Wunsch nach Expansion wurde übermächtig. Da kamen die guten nachbarschaftlichen Beziehungen zum Tragen. Die Schreiner-„Kinder“, bereits in Ehren ergraut, bewohnten ihr Bauernhaus nur sporadisch und vermieteten dem jungen Paar die große Stube, die somit zur Werkstatt wurde. Die Vorübergehenden sahen durch das Fenster zu, wenn meine Mutter am Webstuhl oder an der Nähmaschine arbeitete, und gaben ihre Kommentare ab – es verlangte eine gehörige Portion Mut und Begeisterung, sich dadurch nicht demoralisieren zu lassen. Mein Vater färbte inzwischen die Wollsträhnen ein, die er im nahen Lenzing besorgt hatte (ich erinnere mich noch gut, wie sie auf der Wiese zum Trocknen lagen). Meine Mutter webte und nähte, und als die Bestellungen sich mehrten, wurde die erste „Kraft“ eingestellt, Astrid, ein Flüchtlingsmädchen aus dem Sudetenland. (Sudetendeutsche, die sich nach dem Krieg in Seewalchen angesiedelt hatten, gaben dank ihrer Geschicklichkeit der Trachtenanfertigung viele Impulse, vor allem bei der Stickerei.) Eine große Unterstützung während der Sommermonate war auch die Mitbesitzerin des Scheckenberghauses, Mizzi Medici, geborene Schreiner. Sie half beim Weben und Verkaufen und trug dabei natürlich ein Dirndl und zu besonderen Gelegenheiten den wunderschönen Schmuck, den sie von ihrer Taufpatin Katharina Schratt geschenkt bekommen hatte.

Die Dirndlkleider waren bald so gefragt, daß sich meine Eltern infolge Platzmangels nach einem neuen Quartier umsehen mußten. Ein altes Bauernhaus im nahen Litzlberg schien für ihre Pläne geeignet. Mein Vater, ein Baufeti-

Rechts:
Marlen und Jochen Tostmann in Litzlberg am Attersee. Um 1955.

Unten:
Marlen und Gexi Tostmann. Seewalchen 1943.

schist, ließ es nach seinen Plänen umgestalten (zum Leidwesen meiner Mutter fand er in den nächsten dreißig Jahren immer wieder Gründe für einen neuerlichen Umbau), und wir zogen ein. Aber damit nicht genug: Die Sommerfrischler lagen meinen Eltern in den Ohren, doch in Wien eine Niederlassung zu errichten. Mein dynamischer Vater konnte meine Mutter überzeugen; unsere erste „Niederlassung" in der Wiener Bösendorferstraße entstand. Von hier zogen wir bald in die Schottengasse – in den Melkerhof – und sind der Trachtenmode seit damals treugeblieben.

Das sogenannte „echte" Dirndl Trachtenpflege und Trachtenerneuerung

Ein „echter" Waldmüller, ein „echter" Diamant, das sind für mich klare Begriffe. Hier kann ich geistig folgen. Probleme habe ich jedoch bei „echten" Trachten, „echten" Dirndln. Im „Musikantenstadl" etwa treten Volkskünstler und Brauchtumsgruppen in „echten" Trachten auf, machen „volkstümliche" Musik und echte Volksmusik, und trotzdem wirkt alles, zumindest auf mich, künstlich.

Die Protagonisten der „echten" Tracht sprechen voller Verachtung vom „Phantasiedirndl", von der „Trachtenmode", und der Begriff „Austrian Look" kommt ihnen nur mit größtem Widerwillen über die Lippen. Warum allerdings Phantasie in Verbindung mit Tracht etwas Negatives sein soll, habe ich nie verstanden wenn ich auch viele Phantasiedirndln wirklich garstig finde; Phantasie scheint hier ein Synonym für Geschmacklosigkeit zu sein.

Die Idee, unsere Kleidung in Tracht einerseits und Mode andererseits einzuteilen und den einen Kleidungsstil vom anderen abzugrenzen, kann vielleicht den Theoretiker am Schreibtisch befriedigen; eine Frau mit intuitivem Einfühlungsvermögen wird diese unrealistische „Ideologie" bestenfalls als geistige Krücke akzeptieren, die möglichst wenig zu benützen ist.

Österreich gehört zu den wenigen Ländern, in denen es noch relativ viele Trachteninseln gibt. Das sind Gegenden, in denen die Trachten in ihrer überlieferten Form bis heute unverändert getragen werden. Am bekanntesten sind die Bregenzerwälder Tracht, die Montafoner Tracht, die Walser Tracht, die Gailtaler Tracht als Brauchtumstracht und die Lutzmannsburger Festtracht.

Laut Duden leitet sich das Wort „Tracht" von „tragen" ab und bedeutet ursprünglich ganz allgemein „das Tragen; das Getragenwerden; das, was getragen wird". In der Vergangenheit wurde also der Begriff „Tracht" – die Volkskundler streiten sich noch heute um eine klare Definition – für jede Art von Kleidung gebraucht. Mit den Romantikern jedoch und ihrem Schlagwort vom „Nationalbewußtsein" kam es um die Wende vom 18. zum 19. Jahrhundert zu einer Begriffsveränderung. Eingeleitet hatte diesen Prozeß Johann Gottfried von Herder mit seiner Idee von der schöpferischen Kraft des Volksgeistes und Volkstums. Sie initiierte europaweit die Entdeckung der „Sprachnation". Damit war meist die Sprache der Unterschicht gemeint, die Sprache der Unterdrückten, die von den Intellektuellen der Aufklärung und später der Romantik, von Gelehrten, Theologen oder Adeligen „entdeckt" und grammatikalisch wie lexikalisch aufbereitet wurde.

Der Nationalismus jener Zeit war eine revolutionär-humanitäre Bewegung, die sich gegen die Unterdrückung durch einen absoluten Staat und die

Aristokratie richtete. Die Ideologie des Reinen, Unverdorbenen, Ursprünglichen wie auch des Alten und Echten hat in dieser Bewegung ihren Ursprung. Und auch die Sprache, die Bräuche und die Trachten des einfachen Landvolks wurden in diesem idealistischen Zusammenhang gesehen.

Als im 19. Jahrhundert die bäuerliche Gesellschaft im Gefolge der industriellen Revolution immer mehr zerfiel, hatte das natürlich auch Auswirkungen auf die Kleidung – die Zeichen der Zeit wurden sehr schnell sichtbar. Um dieser Entwicklung entgegenzuwirken, versuchte man Maßnahmen zur Erhaltung der Tracht zu setzen. Aber auch hier war es nicht das „Volk", das sich um die Pflege und Erneuerung seines „G'wands" bemühte, sondern das Bildungsbürgertum mit seiner romantischen Sehnsucht nach der verlorenen „heilen Welt", nach Ursprünglichkeit und Natürlichkeit.

So wurden Ende des 19. Jahrhunderts in Bayern Vereine gegründet, deren Ziel es war, die Gebirgstrachten zu erhalten beziehungsweise wieder einzuführen. Österreich folgte diesem Beispiel – mit dem Ergebnis, daß bis zum Ersten Weltkrieg in den Trachtenvereinen fast alles bayerisch angehaucht war: die Tracht, die Lieder und auch der „Volkstanz". In jener Zeit führte Leopold Brandauer, mutiger „Wiederbeleber und Restaurator", in Salzburg die kurze Lederhose, die grüne Leinenjoppe und den gewalkten Janker ein, Trachtenformen, die aus dem bayerischen Raum kommen. Die „Trachtlerinnen" wiederum gefielen sich vor allem in der bayerischen „Miesbacher Tracht" mit schwarzem Mieder und Silberschnüren, egal, ob sie in Graz, Wien oder Salzburg zu Hause waren.

Oben:
Zwei fesche Berchtesgadenerinnen. Viele bayerische Trachtenelemente wurden zeitweise von Österreich übernommen. Um 1880.

Rechts:
Bayerisches Trachtenpärchen. Um 1910.

Nicht so sehr vom bayerischen Vorbild beeinflußt, aber doch äußerst „trachtenaktiv" war Kärnten. Wieweit sich hier die Nachbarschaft beziehungsweise das Zusammenleben zweier Sprachnationen ausgewirkt hat, sei dahingestellt. Jedenfalls war Kärnten das erste Bundesland, das einen eigenen braunen Trachtenanzug amtlich dekretierte (Salzburg folgte bald diesem Beispiel). Durch die Aktivitäten einiger heimatverbundener Künstler wurden auch eigene Kärntner Dirndl forciert: der blaugetupfte Leiblkittel (ob dieses „Resch“-Dirndl oder Kärntner Dirndl ein rotes Kittelblech zeigen und am Ausschnitt rot passepoiliert sein soll, wird seit Jahren mit weltanschaulichem Eifer diskutiert), der im Grund in ganz Österreich, um nicht zu sagen in ganz Europa, zu finden ist, und das sogenannte „Lobisserg'wandl“, ebenfalls ein ganz gewöhnlicher Leiblkittel, den man überall in seiner Grundform als Arbeitskittel findet. Auf den Bildern des Kärntner Malers Suitbert Lobisser hat dieses Dirndl meist noch „urigen“ Charme, später wurde es dann salonfähig gemacht – mit einem Wort, ein bißchen „geschleckt“ adrett. Dieses Dirndl ist braun, sein runder Ausschnitt grün eingefaßt, und dazu wird ein „Busentuch“ getragen, ordentlich und genau nach Vorschrift, dessen „Tuchzipferln“ zwischen dem 2. und 3. Haftel von oben (ich kann mich auch irren) sichtbar werden müssen.

Feminin und erotisch – auch das wird seit Generationen beim Dirndl geschätzt (und verachtet).

Um das Jahr 1870, fast gleichzeitig mit der Gründung der Trachtenvereine in Bayern und Österreich, entstanden in den skandinavischen Ländern Institutionen, die sich um die „Pflege und Erhaltung der Sachgüter der Volkskultur“ bemühten. In Deutschland und Österreich machte es sich die aus Verschönerungs- und Fremdenverkehrsvereinen hervorgehende Heimatschutzbewegung zur Aufgabe, „Volkskunst auf dem Gebiet der beweglichen Gegenstände, Sitten, Gebräuche, Feste und Trachten“ zu schützen und zu pflegen. In dieser Zeit bildete sich auch der Begriff vom „gesunden“ Volk, das „Nationale“ wurde für viele nicht nur eine „Frage der Landschaft, der Sitte, der Sprache, sondern eine Rassenfrage“ – gemeint war die Verherrlichung der deutschen, der germanischen „Rasse“.

Nach dem Ersten Weltkrieg entstand in der Schweiz zum Schutz der notleidenden Bauern und Handwerker im Auftrag des Schweizer Bauernverbandes das erste „Schweizer Heimatwerk“. Nach dessen Vorbild gründete der steirische Volkskundler Viktor von Geramb 1934 in Graz das erste österreichische Heimatwerk. Es sollte das städtische Publikum mit der alten Handwerkskultur der ländlichen Bevölkerung, der Volkskunst der Bauern und Bergknappen, vertraut machen und den von der Wirtschaftskrise besonders betroffenen Bauern helfen. Im selben Jahr wurde in Tirol auf Initiative des Tiroler Bauernbundes und unter der Patronanz des Schweizer Heimatwerks auch ein Tiroler Heimatwerk ins Leben gerufen. Während sich in den anderen europäischen Heimatwerken die Pflege der Tracht vor allem auf eine Erhaltung der überlieferten alten

Trachten konzentrierte, bahnte sich in Österreich eine eigene Entwicklung an.

Viktor von Geramb, der bereits vor dem Ersten Weltkrieg mit der Einrichtung des Steirischen Volkskundemuseums befaßt gewesen war (wobei er sich auf die Vorarbeiten Erzherzog Johanns stützen konnte), schwebte eine Kombination von Theorie und Praxis vor, eine Idee, die er schließlich in seiner Trachtenarbeit verwirklichen konnte. Geramb trug bereits den „Trachtenvirus" in sich – eine Summe seines theoretischen Wissens, seiner Beschäftigung mit der Sammlung Erzherzog Johanns und seines persönlichen Kleidungsstils –, als er Konrad Mautner, dem Sohn eines österreichischen Industriellen, begegnete. Mautner, der eine umfassende Erziehung genossen hatte und dessen Eltern am Kulturleben ihrer Zeit regen Anteil nahmen – seine Mutter führte einen bekannten Salon in Wien –, war seit seiner Kindheit mit dem Ausseerland verbunden. Er hatte mit seinen Eltern jeden Sommer beim „Veit" in Gößl verbracht, einem Gasthof, in dem die Familie mit verkleinertem Haushalt logierte, wie es in Wiener Großbürgerkreisen damals üblich war. Die Mautners waren für die Bewohner des kleinen Ortes eine Attraktion besonderer Art (vor allem das Klavier, das jeden Sommer in den ersten Stock des Gasthofs transportiert wurde, beeindruckte die Gößler). Hier am Grundlsee lernte Konrad Mautner noch unverfälschte Volkskultur kennen. Von ihr fasziniert, begann er die Lebensformen und Verhaltensweisen der einheimischen Bevölkerung zu beobachten und diese Beobachtungen aufzuzeichnen. Er erwarb ein Haus am Archkogel oberhalb der Seeklause sowie eine Holzknechthütte in Gößl und lebte hier in den Sommermonaten unter Bauern und Holzknechten, sprach ihren Dialekt und wurde von ihnen als Freund anerkannt. So gelang es ihm, profunde Kenntnisse über die Menschen und ihre Lebensverhältnisse zu erlangen, ein Wissen, das er in schriftlichen Aufzeichnungen, aber auch in Notenbeispielen, Zeichnungen und Karikaturen festhielt. Außerdem begann er steirische und vor allem Ausseer Trachten zu sammeln und plante ein Buch über österreichi-

Oben:
Das Arbeitskleid des Bauernmädchens wurde von Sommerfrischlerinnen leicht modifiziert übernommen und als „Dirndl" das typische Kleid der Österreicherin. Um 1895.

Rechts:
Kinder in der Salzkammerguttracht: „Ischlerhosen", Steirerhut mit Gamsbart oder Federn, weißes Leinenpfoad mit Seidenbündel, Schnürstiefel und Staglstock für die Buben, Leiblkittel aus Baumwolldruck, helle Leinenschürze und weiße Bluse, schwarzes Seidenflügeltuch für das „Dirndl". Um 1900.

sche Trachten. Die Vorarbeiten zu diesem Werk führten ihn mit Viktor von Geramb zusammen, der nach Mautners Tod das von diesem begonnene „Steirische Trachtenbuch“ weiterführte und herausgab. Dieses 1932 erschienene Buch erlangte weit über die Grenzen der Steiermark hinaus Bedeutung, denn es verfügt über ein großartiges Bildmaterial und reiche historische Quellen.

Da die Trachten in großen Teilen der Steiermark noch nicht verschwunden waren, ja im Gegenteil aufgrund der verschiedenen Strömungen ein recht munteres und letztlich auch angepaßtes Dasein führten, verlief die aktive Trachtenarbeit Viktor von Gerambs unter anderen Vorzeichen als jene der Heimatwerke in der Schweiz oder in den skandinavischen Ländern. Geramb war Praktiker genug, um zu erkennen, daß die Anwendung alter Produktionstechniken für die Erhaltung der Tracht nicht zweckmäßig war. Er suchte also Kontakt zur Textilindustrie, unter anderem zur Firma Rhomberg in Vorarlberg, zur Firma Stapf in Tirol und zur Firma Flemmich in Wien. Aus seinen reichen Museumsbeständen vermittelte er ihnen herrliche alte Vorlagen und Muster, welche die Firmen übernahmen und bis heute lebendig erhalten haben. Als Kennzeichen für „echte“ Ware wurde eine Wertmarke geschaffen, die von den Firmen gegen ein geringes Entgelt am entsprechenden Artikel angebracht wurde. In jener Zeit entstanden etwa bei der Firma Flemmich die auch heute noch gefragten „Bienentücher“, Tücher nach alten Mustern, die als Markenzeichen eine eingewebte Biene tragen. Geramb veranlaßte auch, daß im Steirischen Heimatwerk jede interessierte Privatperson und jeder Gewerbetreibende auf Fragen zum Thema Tracht Antwort erhielt. In dieser Beratungsstelle war man vor allem bemüht, geschmacklichen Auswüchsen der damaligen Touristenmode, dem „Weißen-Rößl-Stil“, entgegenzuwirken.

Erneuerte Tiroler Trachten von Gertrud Pesendorfer. Zeichnungen von Gretel Karasek. 1938.

Während es in der Steiermark viele einfache und daher zeitlose Formen gab, wurden die weiblichen Miedertrachten in Tirol mehr und mehr unpraktisch und nicht mehr zeitgemäß: man trug sie nur noch zu bestimmten Anlässen. In dieser Situation entwickelte Gertrud Pesendorfer, Mitarbeiterin am Tiroler Volkskunstmuseum und am Tiroler Heimatwerk, eine Methode der wissenschaftlichen Erneuerung der Tracht. Sie war nicht nur Theoretikerin, sondern auch Praktikerin und verfügte über ein ausgeprägtes Schönheitsempfinden und intuitives Einfühlungsvermögen. Bei ihrer Erneuerung griff sie auch auf Formen und Farben aus dem 17. und 18. Jahrhundert zurück. Ihre Ideen und deren praktische Umsetzung finden sich in dem Werk „Neue deutsche Bauerntrachten, Tirol“, das 1938 erschien und von Gretel Karasek in einer auch heute noch äußerst ansprechenden Art illustriert wurde. Der allgemeine

Text allerdings spiegelt stark den Geist der Zeit wider, in der das Buch erschien: „Unser aller Aufgabe ist, uns auf das zu besinnen, was unserer deutschen Art gemäß und würdig ist, und der Verunglimpfung und Vergewaltigung unseres ureigensten Besitzes durch einen richtigen Gebrauch wirksame Abwehr entgegenzusetzen."

In Tirol hatte man die alten, schweren, panzerartigen „Plunzenmieder" mit ihren Miedersteckern getragen, dazu schwere, dicht gefältelte Röcke, aufwendige Hemden (heute sagt man Blusen) mit handgeklöppelten Spitzen, oft auch noch den „Goller", eine Art Spitzenkragen, der mit Bändern unter der Achsel festgehalten wurde, ferner einen schwarzen Flor – ein zusammengeschlagenes Seidentuch – und Schürzen, die meist sehr breit waren. Ergänzt wurde die Tracht je nach Jahreszeit durch warme Unterröcke und „Beinhöseln", Ringelstrümpfe, die bis zu 160 Zentimeter lang waren. Dazu kam noch die Jacke, die es in verschiedenen Varianten gab: ärmellos, kragenlos, kurz und weit, tailliert und länger, häufig mit gestrickten „Unterarmstützerln". Diese Frauentracht war in Tirol Anfang des 20. Jahrhunderts bis auf wenige Ausnahmen verschwunden.

Ein Tiroler Trachtenklischee hatte jedoch durch Schützenvereine und durch Brauchtumsgruppen wie die berühmten Geschwister Rainer internationale Berühmtheit erlangt. Die Geschwister Rainer, eine Gesangsgruppe aus dem Zillertal, waren vom russischen Zaren Alexander I. nach Petersburg eingeladen worden, nachdem er sie 1822 bei einem Besuch in Fügen kennengelernt hatte. Dem Auftreten in Rußland folgten Tourneen an deutsche Fürstenhöfe und vor allem nach England, wo König Georg IV. den Geschwistern „hermelinverbrämte Lodenjacken" zum Geschenk machte. Ihre Konzerte in England waren ein solcher Erfolg – die Lieder wurden sogar ins Englische übersetzt –, daß die Rainers auch bei den Krönungsfeierlichkeiten für Königin Viktoria mitwirken durften. Sie erhielten ein Honorar von 5.600 Gulden und silberbestickte Ranzen mit dem Wappen Großbritanniens.

Ilse, ein bayerisches Dirndl, um 1950 in Berchtesgaden.

Heinrich Heine schreibt in seinen „Reisebildern" über das Auftreten der Geschwister Rainer in England: „Als ich vorigen Sommer in den glänzenden Konzertsälen der Londoner fashionablen Welt diese Tiroler Sänger, gekleidet in ihre heimatliche Volkstracht, das Schaugerüst betreten sah, und von da herab jene Lieder hörte, die in den Tiroler Alpen so naiv und fromm gejodelt werden, und uns auch ins norddeutsche Herz so lieblich hinabklingen, da verzerrte sich alles in meiner Seele zu bitterem Unmut, das gefällige Lächeln vornehmer Lippen stach mich wie Schlangen, es war mir, als sähe ich die Keuschheit des deutschen Wortes aufs roheste beleidigt, und die süßesten Mysterien des deutschen Gemütslebens von fremdem Pöbel profaniert. Ich habe nicht mitklatschen können bei dieser schamlosen Verschacherung des Verschämtesten …"

Das Publikum jedoch teilte Heines Gefühle nicht, Tirol war in England groß in Mode, und die deutsche Sängerin Henriette Sontag, die auf Londoner Bühnen auftrat, gab in ihren Konzerten „stürmisch bejubelte Alpengesänge" zum besten und trug dabei sogar eine Tiroler Tracht, die sie sich nach einer Originalvorlage schneidern ließ. Auch das Jahr 1909 mit den Centenarfeiern zu den

Eine Volksmusikgruppe aus Tirol – mit phantasievollen Kombinationen traditioneller Elemente. Um 1932.

Tiroler Freiheitskriegen wirkte belebend auf die Tiroler Tracht – allerdings nur sehr einseitig: bei Schützenkompanien und Musikkapellen.

Für Gertrud Pesendorfer und ihre Erneuerungsbestrebungen waren die alten, zum Teil schon in Vergessenheit geratenen Trachten zwar ein Vorbild, sie wandelte sie aber, den neuen Anforderungen entsprechend, stark ab und orientierte sich dabei am Prinzip des einteiligen Salzkammergutdirndls, des Leiblkittels: Leibchen und Rock sind zusammengenäht. Viktor von Geramb zeigte sich begeistert von diesen Ideen: Sie seien das „Ei des Kolumbus".

1939 übernahm Gertrud Pesendorfer die Leitung der neuen „Mittelstelle deutscher Tracht" in Innsbruck. Hier brachte sie für verschiedene Bundesländer Vorlagenmappen heraus, die nach den neuen Grundsätzen gestaltet waren. Nach dem Zweiten Weltkrieg arbeitete sie für die Landwirtschaftskammer und veröffentlichte ihr Buch „Lebendige Tracht in Tirol". Es enthält Vorlagen für die verschiedenen Talschaften – Varianten für Frauen, Männer, Kinder, für den Alltag, Sonntag und Feiertag, Trachten, die mit Interesse, Neugier und voll Ehrfurcht akzeptiert wurden. Während des Zweiten Weltkriegs waren auch in den übrigen Bundesländern Heimatwerke entstanden, die aber nur für kurze Zeit existierten. Nach Kriegsende, 1946, wurde das Salzburger Heimatwerk neu gegründet, dem Heimatwerke in Oberösterreich, Kärnten, Niederösterreich, dem Burgenland und in Vorarlberg folgten.

In Linz rief mein hochverehrter Lehrer Franz C. Lipp, ein Schüler Viktor von Gerambs, durch seine Arbeit – er begann 1950 mit dem fünfbändigen Werk „Oberösterreichische Trachten. Erneuert und zusammengestellt" – ein neues

Zentrum für Trachtenerneuerung ins Leben. Auch hier wurde der „erneuerungswürdige Trachtenbestand" mit den Mitteln wissenschaftlich angewandter Volkskunde der Gegenwart angepaßt und der Bevölkerung nicht nur durch die Literatur, sondern auch durch zahlreiche Trachtenvorführungen nahegebracht.

In Oberösterreich hat sich in den letzten dreißig Jahren aber nicht nur die vereinfachte, modernisierte beziehungsweise erneuerte Tracht wieder stärker durchgesetzt, sondern zum Erstaunen aller auch die repräsentative, teure Linzer Goldhaubentracht. Ein wahres Goldhaubenfieber hat die Oberösterreicherinnen erfaßt, sie sticken wunderbare Goldhauben, nähen herrliche Bürgerkleider (sowohl für die Goldhauben-Stickmotive wie auch für die Bürgerkleider hat das Oberösterreichische Heimatwerk Vorlagen herausgegeben) und nützen jede Gelegenheit, ihre Schätze zu zeigen.

Auch in den übrigen Bundesländern gibt es seit den fünfziger Jahren eine Trachtenerneuerung, die auf den theoretisch-praktischen Arbeiten von Geramb, Pesendorfer und Lipp aufbaut. Sämtliche Bundesländer haben ihre Trachtenvorlagen, mit genauen Vorschriften und Anweisungen für die „echte" Tracht. Unbestrittenes Verdienst dieser Entwicklung ist die große Anzahl von neuen Lokal-, Talschafts- und Ortschaftstrachten in Österreich. Trachten und Dirndlformen wurden weiterentwickelt beziehungsweise neu geschaffen.

Aber auch ein anderer Aspekt trat zutage: In unserem Jahrhundert ist die Mode durch die allgemeine gesellschaftliche und wirtschaftliche Entwicklung zum ersten Mal wirklich demokratisch geworden, die strengen Kleiderordnungen und Kleidergesetze der Vergangenheit sind passé. In dieser Situation entstand nun eine Bewegung, die ein strenges Reglement sowohl hinsichtlich der äußeren Form als auch der Träger fordert – wehe der Oberösterreicherin, die aus oberflächlich-ästhetischen Gründen ein Tiroler Dirndl trägt! Mit nie gekannter Intensität und Gründlichkeit wird ein Kleidungsstil propagiert, der – und auch das fasziniert mich – in seiner rigorosen Linie und mit seinen unzeitgemäßen Vorschriften förmlich herbeigesehnt wird. Die allgemeine Verunsicherung, die durch den Verlust der Verhaltensnormen entstanden ist, macht sich hier bemerkbar. Individuelle Freiheit in Sachen Kleidung ist nicht jedermanns Sache! Daher sind die Heimatwerke mit ihren erneuerten sogenannten „echten" Trachten eine zeitgemäße Erscheinung, so widersinnig das klingen mag.

Geschulte Mitarbeiter des Heimatwerks sollen anhand von Landkarten die erlaubten Anwendungsbereiche der erneuerten Trachten angeben, die nach strengsten wissenschaftlichen Kriterien erarbeitet wurden. Diese Einstellung führt allerdings dazu, daß ein ursprünglicher und heiterer Kleidungsstil saft- und kraftlos und ein bißchen steril wird. Im „Kleid der Heimat" kann ich Lokalpatriotismus, Traditionsbewußtsein, bäuerliches Gemeinschaftsempfinden ausdrücken oder aber Freude an Farben, Formen und Materialien, die innerhalb eines gewissen Rahmens individuell abgewandelt werden. Das letztere jedoch bleibt dem schwarzen Schaf, der Trachtenmode, überlassen ...

Mode und Antimode
Ein Rück- und Überblick

So sehr die Trachtenerneuerer und Trachtenpfleger sich auch über die Trachtenmode mokieren, so sehr sind sie doch von ihr abhängig (umgekehrt verhält es sich ebenso). Wo hier die Grenzen zu ziehen sind, ist mir nie ganz klargeworden; lediglich die Extreme kann ich genau einordnen.

Tracht als Mode beziehungsweise als Antimode gab es schon zu Zeiten, als der Begriff Tracht noch mehr oder weniger wertfrei war. So wußte etwa bereits Kaiser Karl der Große den Kleidungsstil des einfachen Landvolks zu schätzen. Er war allerdings Frauenkenner genug, um von seinen Frauen und Töchtern nicht das gleiche zu erwarten: Sie durften ohne Scheu den größten Kleiderluxus entfalten. Der Trend zur Einfachheit war jedoch auch bei den Herren seines Hofstaats nicht so ohne weiteres durchzusetzen – die byzantinischen Seidenstoffe waren viel zu prächtig anzusehen, als daß man dieser Verlockung hätte widerstehen können. Karl griff daher zu einer List: Er nahm sein Gefolge, das in prunkvolle Gewänder aus fremdländischen Stoffen gekleidet war, mit auf die Jagd. Die vornehme Gesellschaft mußte den ganzen Tag bei Regen und Sturm mit ihm durch dick und dünn reiten, und als man abends auf die Burg zurückkehrte, hing die ehemals herrliche Seidenpracht in unansehnlichen nassen Lumpen von den Leibern der adeligen Herren, während Karls Lodengewand und sein Schafspelz alle Strapazen unbeschadet überstanden hatten.

Ähnliche Gründe bewogen auch Kaiser Maximilian I, den „letzten Ritter", für sich und seine Männer eine Jagdkleidung zu fordern, die jener der Bauern glich. Und in späteren Jahrhunderten waren es zwei weitere Habsburger, Erzherzog Johann von Österreich und Kaiser Franz Joseph I., welche demonstrativ die praktische graugrüne Kleidung des einfachen Jägers trugen. Sie werteten diese Kleidung durch ihr Beispiel auf und ließen sie zur Mode werden.

Die Landbevölkerung, die um das nackte Überleben kämpfen mußte, war während des Mittelalters und zu Beginn der Neuzeit in ganz Mitteleuropa mehr oder weniger einheitlich gekleidet. Nur in der Oberschicht konnte sich der Kleidungsstil aufgrund äußerer Einflüsse ändern. Mit dem Aufblühen der Städte gewann auch die Kleidung der Bürger höfischen Charakter. Um allzu großen Luxus zu verhindern, wurden unter dem Vorwand der gottgewollten Ordnung, die auch äußerlich in der Kleidung zum Ausdruck kommen sollte, Kleidervorschriften für die einzelnen Stände erlassen. Aber diese „Kleiderordnungen" wurden gern ignoriert, wie die vielen Verweise erkennen lassen.

Die Obrigkeit versuchte den Kleiderluxus aus verschiedenen Gründen einzudämmen. Im Mittelalter etwa war es die Angst, daß der Bürger, der über seine Verhältnisse lebte, verarmen und der Gemeinde zur Last fallen könnte.

Kaiser Maximilian I. gab die erste Reichs-Kleiderordnung heraus, die im wesentlichen auf der Festlegung der verschiedenen Materialien für die Kleidung der einzelnen Stände beruhte. Es folgten immer neue Verordnungen, so etwa jene Kaiser Leopolds I., in der den „Weibspersonen die weit ausgeschnittenen Wämbser und langen nachschweiffenden Röck" untersagt wurden sowie „lange gekrauste Haarlocken und insgemein alle neue Mode".

Tirolerin mit Schute und modischem Chemise, kombiniert mit „trachtigen" Elementen. Um 1815.

Maria Theresia, um das Seelenheil ihrer Untertanen besorgt, erließ zwar keine neue Kleiderordnung mehr, sprach sich aber in zahlreichen Polizeipatenten, die für die Alpenländer bestimmt waren, gegen die tief ausgeschnittenen Mieder und allzu kurzen Röcke der Trachten aus. (Sie selbst allerdings gefiel sich bei höfischen Festen in romantischer ländlicher Kleidung, in „Schäfermode à la Tyrolienne".) Ihre Berater jedoch hatten realistischere Gründe, sich der Kleidung der Untertanen anzunehmen: Durch Vorschriften sollten die Einfuhr modischer Stoffe erschwert und das heimische Gewerbe gestärkt werden.

Es war die Zeit, in der die bunten Baumwollstoffe aus Indien den europäischen Markt eroberten, die Zeit der aufstrebenden Textilmanufakturen. Färber und Drucker hatten neue Techniken entwickelt, das alte Zunftwesen hatte seine Bedeutung verloren. Natürlich drückte sich das auch im Stil der Kleidung aus – zunächst in jener der Städter und mit Verspätung auch in jener der ländlichen Bevölkerung. Diese Entwicklung wurde durch die Erfindung der Spinnmaschine und des mechanischen Webstuhls noch beschleunigt.

Mit der Französischen Revolution kam der Wandel: die ständischen Unterschiede in der Kleidung begannen sich zu verwischen. Die Mode jener Zeit – im Stil der griechischen Antike, verbunden mit Elementen der Bestrebung „Zurück zur Natur" – konnte in der dörflich-ländlichen Welt nur wenig Echo finden. Zwar rutschten auch hier die Taillen etwas höher, und die revolutionären Langhosen verdrängten langsam die Kniebundhosen, aber grundsätzlich hielt man doch an der gewohnten „altmodischen" Kleidung fest, mit ihren gemäßigten Modeelementen aus Renaissance, Barock und Rokoko. Die ärmere Bevölkerung konnte sich ohnehin nur die heimischen, seit Jahrhunderten gebräuchlichen Materialien leisten: Leinen, Loden, Leder, in einfachen, altbewährten Formen, strapazfähig, praktisch.

In der ersten Hälfte des 19. Jahrhunderts schickte Erzherzog Johann seine Kammermaler aus, um die vielfältigen Trachten der steirischen Landbevölkerung im Bild festzuhalten. Die Einstellung Erzherzog Johanns zur Tracht zeigt der berühmte Brief an Anna Plochl, die Ausseer Postmeisterstochter und spätere Ehefrau des Habsburgers: „... Als ich den grauen Rock in der Steyermark einführte, geschah es, um ein Beyspiel der Einfachheit in Sitte zu geben, so wie mein grauer Rock, so wurde mein Hauswesen, so mein Reden und Handeln. Das Beyspiel wirkte, der graue Rock, von manchen verkannt, von den Besseren erkannt, wurde ein Ehrenrock, und ich ziehe ihn nie mehr aus, ebenso wenig weiche ich von meiner Einfachheit, lieber gebe ich mein Leben her ..."

Der Erzherzog legte seinem Großneffen Franz Joseph, dem späteren Kaiser, die Liebe zur Tracht buchstäblich in die Wiege: er schenkte ihm zur Taufe einen Steirerhut. Und als er den sechzehnjährigen Franz Joseph zur Jagd einlud, verband er diese Einladung mit der Bitte, in steirischer Tracht zu kommen. Franz Joseph folgte diesem Verlangen und hielt der Jagd und der steirischen Jagdkleidung lebenslang die Treue. (Er ging allerdings nicht so weit wie sein Schwiegervater, Herzog Max in Bayern, der einem Ondit zufolge sogar die Cheopspyramide in Tracht bestieg und noch dazu, an der Spitze angelangt, auf seiner Zither bayrische G'stanzeln zum besten gab!)

Franz Joseph hatte eine besondere Beziehung zum Salzkammergut, vor allem zu Bad Ischl. Die Ehe seiner Eltern, Erzherzog Franz Karl von Österreich und Sophie von Bayern, 1824 geschlossen, war jahrelang kinderlos geblieben. Die Hofärzte verschrieben der jungen Erzherzogin daraufhin eine Kur in den Solebädern von Ischl, die von dem Hofarzt Franz de Paula Wirer und dem Ischler Salinenarzt Josef Götz seit einigen Jahren mit großem Erfolg angewendet wurde. Franz Karl und Sophie verbrachten also in den folgenden Jahren die Sommermonate in Bad Ischl, und am 18. August 1830 gebar die Erzherzogin einen Sohn, der sie bereits im Sommer 1831 nach Ischl begleitete: Franz Joseph. 1832 kam dann Ferdinand Maximilian, der spätere Kaiser von Mexiko, zur Welt und im darauffolgenden Jahr Erzherzog Karl Ludwig. Die drei Knaben wurden in Hofkreisen die „Salzprinzen" genannt.

Franz Joseph blieb Ischl auf Lebenszeit verbunden. Er verbrachte jeden Sommer in dem idyllischen Ort an der Traun, in dem sich inzwischen ein Badeleben großen Stils entwickelt hatte. Die elegante Welt folgte ihm in die Sommerfrische und gefiel sich, dem Beispiel des Kaisers folgend, im zünftigen G'wand der einheimischen Jäger. Die weiblichen Teilnehmer der „Jagdpartien" wählten ebenfalls die Lodenjoppe der Männer und trugen dazu statt der damals noch nicht gesellschaftsfähigen Hose einen sportlich geschnittenen, bequemen Rock – damit war das Trachtenkostüm kreiert.

In diesem Umkreis wurde auch das „Lederg'wand", das ab Mitte des vorigen Jahrhunderts etwas von der Bildfläche verschwunden war, wieder en vogue. Da das frisch gegerbte und gefärbte Leder ganz unzünftig neu aussah – ein Fak-

tum, das auch heute noch vielen Leinen-, Leder- und Lodenfans in der Seele weh tut –, erfanden die Salzburger Säcklermeister Josef und Johann Jahn ein eigenes Verfahren, um dem Leder die Patina des Getragenen zu verleihen: das Salzburger Schwarz erfreut sich als Lederfarbe gleichbleibender Beliebtheit.

Internationalen Aufschwung erhielt die österreichische Trachtenmode nach dem Zusammenbruch der Monarchie durch die im Jahr 1920 gegründeten Salzburger Festspiele. Die erste Aufführung von Hugo von Hofmannsthals „Jedermann" war übrigens eine reine Wohltätigkeitsveranstaltung, die Schauspieler erhielten kein Honorar, sondern Geschenke – und Werner Krauss, der den Tod spielte, wünschte sich und bekam eine Lederhose.

In den Sommern der Zwischenkriegszeit bevölkerten die Künstler rund um Max Reinhardt Salzburg und das Salzkammergut stilgerecht im Leinenjopperl und Leiblkittel – Helene Thimig etwa, Paula Wessely, Lotte Lehmann und Hugo von Hofmannsthal, um nur einige zu nennen. Aber auch Marlene Dietrich zeigte sich nicht nur, wie erwähnt, im Lodenanzug, sondern auch im schicken Trachtenkostüm mit flottem Hütchen, und der Herzog von Windsor, der in der Herrenmode den Ton angab, nahm Trachtenhut und Hubertusmantel aus Salzburg ins heimatliche England mit.

Oben:
Attila Hörbiger und Paula Wessely bei den Festspielen in Salzburg 1937.

Unten:
Lotte Lehmann (links) und Bruno Walter bei den Festspielen in Salzburg 1935.

Diese internationale, niveauvolle Trachtenmode ist geprägt von der Handschrift des Salzburger Trachtenhauses Lanz, das auf dem Gebiet der Trachtenmode bahnbrechend wirkte, vor allem auch in Hinblick auf den Export. Das Publikum aus aller Welt entdeckte in Salzburg die von der Familie Lanz modisch variierten Dirndln und Spenzer, und wer auf sich hielt, trug in Salzburg Kleidung aus dem Hause Lanz – der Begriff „Lanzer Tiergarten" wurde in jener Zeit geprägt.

Der Einfluß der bei den Festspielen mitwirkenden Künstler wurde aber auch aktiv wirksam: Carl Mayr, Bruder des weltberühmten Bassisten Richard Mayr, des umjubelten Ochs von Lerchenau aus dem „Rosenkavalier" von Richard Strauss, kreierte in seinem Heimatort Henndorf am Wallersee ein Dirndl, das in die Salzburger Trachtenmappe als original Henndorfer Dirndl Eingang fand. Eine Generation später trug die gebürtige Französin Eliette von Karajan dieses Dirndl als Verbeugung vor Salzburg, und nicht nur sie: auch die Tochter des früheren sowjetischen Staatsoberhaupts Nikolai Podgorny trug es während des Staatsbesuchs in Österreich und sogar zur Feier ihres Geburtstags in Moskau.

Oben:
Natascha, die Tochter des sowjetischen Staatsoberhauptes Nikolaj Podgornyj, während eines Staatsbesuches ihres Vaters in Salzburg im Henndorfer Dirndl. 1966.

Das Salzkammergut wirkte in vielerlei Hinsicht belebend auf die Tracht: Anna Mautner, die Witwe Konrad Mautners, hatte in Bad Aussee eine Handdruckwerkstätte eröffnet, wo sie mit viel künstlerischem Gespür die alten Muster aus ihrer Modelsammlung umsetzte – kleine Kostbarkeiten, von Einheimischen und Künstlerprominenz gleichermaßen höchst begehrt. Aus dieser Mautner-Werkstatt der Zwischenkriegszeit gingen nach dem Zweiten Weltkrieg über Umwege weitere Handdruckwerkstätten hervor, die neue Muster und Farben brachten, welche sich in den überlieferten Stil harmonisch einfügten, aber auch neue Anstöße gaben.

Links:
Henndofer Dirndl.
Um 1930.

Eine besondere Bedeutung für die Trachtenszene hatte das in Wien ansässige Unternehmen „Loden-Plankl", das bereits Ende des 19. Jahrhunderts mit einem erstaunlich breiten Trachtenangebot – und das in Form eines Versandkatalogs! – auf dem Markt war. Es führte „Damen- und Herren-Sport-Kleider, Ausrüstung für Touristik, Jagd- und Wintersport", aber auch „Kostümwaren", nämlich „National-, Alpine, Schützen- und Typen-Trachten zu Kostüm-, Touristen- oder Schützen-Kränzchen für Damen und Herren". Die Sportbekleidung war aus „Original Tiroler und Steirer Lodenstoffen" sowie aus „Zillertaler Handstuhlloden". Die Firma stützte sich „auf eine 30jährige Erfahrung und gemeinsame Mitarbeiterschaft der renommiertesten Lodenfabrikanten unserer heimischen Hochgebirgsländer, wodurch selbe sich das Verdienst erworben, zur Hebung der Lodenindustrie in den österreichischen Alpenländern durch Förderung des Konsums und Erhöhung des Geschmacks nicht unbedeutend beigetragen zu haben".

Die Kataloge der Firma Loden-Plankl aus der Zeit der Jahrhundertwende zeigen deutlich, welche Schwerpunkte die von der wissenschaftlichen Trachtenpflege und -erneuerung noch unberührte Trachtenszene entwickelte. Die „National- und Typentrachten" – um die Jahrhundertwende gibt es deren fünfzig im Katalog – reichen von der Sarnthaler Tracht über die Ausseer Tracht bis zur russischen Nationaltracht, von der Zigeunerin über das Wäschermädel bis zur Holländerin. Es gab alles das, was heute die sogenannte Folkloremode zu bieten hat, nur mit dem Unterschied, daß die Trachten der Firma Plankl zum

Großteil für Kostümfeste gedacht waren, während wir heute diese bunte Mode zwar vorwiegend in der Freizeit, aber doch kaum als Kostümierung tragen. Natürlich findet sich im Angebot auch die schon erwähnte „Miesbacher Tracht", die in jenen Jahren ungeheuer beliebt war (über Verkaufsziffern liegt leider keine Statistik vor).

Sigmund Freud mit seiner Tochter Anna. 1913.

Im Katalog für die Sportbekleidung kündigt sich ein neuer Kleidungsstil an, der einerseits stark österreichisch geprägt ist, andererseits aber internationale Bedeutung erringt: die Sportmode. Gebirgs- und Skitouristik – Entdeckung des späten 19. Jahrhunderts und Manie des 20. Jahrhunderts – brachten einen Stil mit sich, den man heute als Lodenlook bezeichnen würde. Die Firma Loden-Plankl führte in ihrem Katalog etwa „Damen-Norweger-Skikostüme" und „Touristen-Überjacken" aus Loden, aber auch ein „englisches Jagdcape mit Rockteil" aus „Erlingerloden, Kamelhaarloden oder Dublee-Kamelhaarloden". „Das lange Cape ist zum Abknöpfen, wodurch selbes auch allein getragen werden kann. Dieser Mantel eignet sich vorzüglich für Pürschjagden, indem der Kragen durch eine geringe Armbewegung nach rückwärts geworfen und dadurch die Arme zum Schusse frei werden." Eine Spezialität der Firma war der „Wiener Schützen-Paletot oder Hubertusmantel", der „beliebteste Mantel für Jagd, Touristik, Ski-, Reit- und Rudersport" – auch er natürlich aus Loden.

Da Österreich sowohl in der Jagd- wie auch in der Skimode tonangebend war, erlangte der österreichische Stil internationale Geltung, vom zitierten Hubertusmantel, den der Herzog von Windsor in der eleganten Welt zum „must", zum Muß, machte, über den Lodenfleck bis zum Walkjanker. Das Bauerng'wand wurde gesellschaftsfähig.

In Österreich selbst war die Aristokratie dem modischen Trend des Kaiserhauses gefolgt und mit ihr das arrivierte Bürgertum sowie die intellektuelle Elite. Sigmund Freud, mit seiner Tochter Anna auf Landpartie, erscheint selbstverständlich in zünftiger Sportkleidung, sie im feschen Leiblkittel. Der Dichter Arthur Schnitzler weilt im Kreise von Freunden auf dem Semmering, und was trägt die Gesellschaft? Natürlich Loden oder Leineng'wand beziehungsweise Dirndl. Die Zeit, in der die Salzburger Polizeidirektion den Juden das „öffentliche Tragen von alpenländischen Trachten wie Lederhosen, Joppen, Dirndlkleidern, weißen Wadenstutzen und Tirolerhüten" verbot, war Gott sei Dank noch fern …

Das, was bisher nur einer kleinen elitären Schicht vorbehalten gewesen war, wurde nun für alle möglich. Die neue Freizeitkultur ließ eigene Kleidertrachten entstehen: für Tennis und Segeln, für Wandern und Jagen, für Skifahren und Reiten, für Rad- und Motorradfahren. (Es ist noch heute nicht ganz leicht, sich über die Normen der Freizeitkleidung hinwegzusetzen: Wer etwa im Lodenrock dem Langlauf huldigt oder im Dirndl Rad fährt, fühlt sich, wenngleich über derlei erhaben, doch ein wenig deplaciert.)

Theodor Herzl mit seinen Kindern und der Frau von David Wolffsohn in Altaussee. Um 1900.

Bei der Sportmode spielte die bäuerliche, strapazfähige Lodenbekleidung eine Pionierrolle, bei der Freizeitmode war es das Dirndl, das ursprüngliche Arbeitsgewand – beide, Loden- wie Dirndlmode, sind bis heute Bestandteil des österreichischen Kleidungsstils.

Ein weiterer Impuls für die Trachtenkleidung kam durch die Trachtenvereine, deren Zahl seit der Jahrhundertwende stetig stieg – 1914 gab es in Wien bereits fünfundzwanzig derartige Vereine. Ihre Mitglieder kamen zum Großteil aus dem Arbeiterstand. Es waren Menschen, die in der ersten oder zweiten Generation in der Stadt lebten, Entwurzelte, die, ähnlich wie heute die Heimatvertriebenen, ihr Heil in der Trachtenpflege zu finden glaubten.

Ganz andere Wege brachte eine Entwicklung, die von einer Salzburger Familie ausging, welche Weltruhm erringen sollte. 1937 hörte die Sängerin Lotte Lehmann die Kinder des Barons Georg Trapp singen und vermittelte ein erstes öffentliches Auftreten bei den Salzburger Festspielen. Auslandsangebote folgten, die der Baron und seine zweite Frau aus einem speziellen Grund gern annahmen: in Österreich war inzwischen Adolf Hitler an die Macht gelangt. Kurz vor Ausbruch des Zweiten Weltkriegs landete die Familie in den Vereinigten Staaten. Bei ihren Konzerten trat die „Trapp Family" natürlich in österreichischer Tracht auf. Nach dem Zweiten Weltkrieg wurde die Geschichte der Familie, welche die Baronin inzwischen niedergeschrieben hatte, in Deutschland verfilmt, in den Vereinigten Staaten zu einem Musical, „Sound of Music", verarbeitet und in der Folge auch in Hollywood verfilmt. Dieser Film, einer der erfolgreichsten Streifen aller Zeiten, löste in den Vereinigten Staaten, ja auf der ganzen Welt ein wahres Österreich-Fieber aus. (Zur Erstaufführung des Films in Indien erschienen die Frau des damaligen österreichischen Botschafters in New Delhi, Marilen Schlumberger, und die übrigen Damen der Botschaft natürlich im Dirndl.)

Das Dirndlg'wand: Kittel, Brustfleck, „Hemad" – die fließenden Grenzen zwischen Unterwäsche und Oberbekleidung.

Weitere internationale Auswirkungen zeitigte die österreichische Trachtenmode durch die große Habsburger-Ausstellung in New York 1979/80, von der sich so berühmte Modeschöpfer wie Yves Saint Laurent inspirieren ließen. Modelle „à l'Autrichienne" eroberten wieder einmal die Welt. Auch der Österreich-Boom in Italien hinterließ Spuren in der Mode – einer Mode, die äußerst elegant, exklusiv und teuer ist, inspiriert vom „Festland" Österreich.

Ein anderer Trend, eine Art Antimode, greift ebenfalls auf traditionelle österreichische Formen und Materialien zurück: der Stil der „Alternativen" und die daraus entstandene „Bio-Mode". Sie haben die Materialien Loden und Leinen wiederentdeckt, wissen deren Strapazfähigkeit zu schätzen, den praktischen Wetterfleck, das unkomplizierte „Leinenpfoad", die Strickweste und die Schafwollstutzen – ein Kleidungsstil also in bester österreichischer Tradition.

Wer die Form beherrscht, darf sie vernachlässigen. Die heimlichen und unheimlichen Trachtengesetze

Im 19. Jahrhundert begann sich die Mode zu demokratisieren. Die Voraussetzungen dazu brachte die industrielle Revolution, die von Großbritannien auf den Kontinent übergriff und ihre Auswirkungen zuerst in der Textilproduktion zeitigte. Mit dem Übergang zur industriellen Klassengesellschaft kam es zu einer zunächst sozialen, dann auch politischen Besserstellung der Arbeiter und damit verbunden zu einer zunehmenden Emanzipation der Frau. Diese Entwicklungen hatten zur Folge, daß auch der Stil der Kleidung sich änderte: der Einsatz der neuen Textilmaschinen, die Möglichkeit der Standardisierung und Massenproduktion brachte eine neue Einstellung.

Als erstes wurden Uniformen serienmäßig hergestellt, denn die Schneider der Garnisonsstädte sahen sich im Zeitalter der ständig wachsenden Armeen außerstande, so wie früher jedem Soldaten seine Montur persönlich anzumessen. So kam es zu einer Konfektion für das Militär und im Gefolge auch zu einer solchen für Zivilpersonen, denn die neu entstandenen Betriebe waren mit Uniformaufträgen nicht voll ausgelastet. Aber auch die Konsumbereitschaft stieg, angeregt durch die zahlreichen auf den Markt kommenden Modeblätter und Modezeitschriften für die Damen der Aristokratie und des gehobenen Bürgertums. Nach der Jahrhundertwende entstanden viele neue Konfektionsbetriebe, ein rascher Wechsel der Mode wurde gezielt forciert, um den Absatz zu fördern.

Das Überangebot an Möglichkeiten, die nie dagewesene Freiheit führten aber auch dazu, daß die Käufer verunsichert wurden, was einerseits in einer modischen Uniformiertheit, andererseits im Hang zu konservativen Bekleidungsformen seinen Ausdruck fand.

Auf dem Gebiet der Trachten entstanden zu Beginn des 20. Jahrhunderts eine Unzahl neuer Formen. Wo es keine alten Trachten mehr zu pflegen gab, mußte man sie, falls der Wunsch danach vorhanden war, eben neu schaffen. Von Beginn an waren es ideologische Beweggründe verschiedenster Art, die zur Trachtenerneuerung führten. Erfolgreich waren diese Bemühungen vor allem dort, wo sie mit der tatkräftigen Unterstützung durch wirtschaftliche Interessenverbände einhergingen.

Historische, soziale und politische Entwicklungen haben sich stets auch in der Tracht ausgedrückt; bei der erneuerten Tracht zeigte sich aber zusätzlich, ja vorwiegend die persönliche Note des Erneuerers. Für die Gestaltung beziehungsweise Schaffung der neuen Formen waren also höchst individuelle Kriterien ausschlaggebend, die allerdings durch strenge Regeln und Vorschriften bald wieder ausgeglichen werden sollten.

Gegenüberliegende Seite: Festliche Variante des Leiblkittels.

In den letzten fünfzig Jahren zeigte sich ein gravierender Wandel in den Intentionen der Trachtenerneuerung: Während man zunächst nur einige Grundformen als Alternative zum vielgeschmähten „Touristen-Trachtenkitsch" anbot, also vor allem geschmackliche Hilfestellung gab, begann mit Gertrud Pesendorfer der Trend zur erneuerten Talschaftstracht. Das sind Trachten, die dem historischen Vorbild oft nur sehr entfernt gleichen, manchmal auch gelungene Neuschöpfungen, auf jeden Fall aber von der Notwendigkeit diktiert, die weißen Flecken auf der „Trachtenkarte" zu füllen. Die weitverbreitete Wunschvorstellung, daß jede Gegend, jedes Dorf ehemals über eine eigene Tracht verfügt habe, die auch heute noch mit einigen kleinen Abänderungen getragen werden könne, muß in dieser Zeit entstanden sein. Dieser Irrglaube wurde durch die vielen nach dem Zweiten Weltkrieg entstandenen Trachtenvorlagen gefördert. Sie beschreiben mit überwältigender Genauigkeit jedes Detail, sie sprechen Gebote und Verbote aus, weisen Formen und Farben bestimmten Orten zu. Individuelle Kreativität wird auf ein Minimum reduziert; die Kleiderordnungen des Mittelalters können nicht strenger gewesen sein. Vielen aber geben diese Vorlagen Stütze und Sicherheit; nur so ist es erklärlich, daß in Österreich in den letzten Jahren so viele Trachtenmappen mit genauen Beschreibungen erschienen sind. Jede Mappe bringt „Trachtenangebote", die sich in einigen Hauptpunkten gleichen, in Details aber je nach Autor unterscheiden, zum Teil sogar widersprechen.

Es ist eine Spezialität unserer Zeit, daß wir mit der Innovation quasi auch eine Katalogisierung unserer lebenden Trachten vorgenommen haben und diese Arbeiten von den für das 20. Jahrhundert unerläßlichen Fachleuten erledigen lassen. In diesem Zusammenhang wird häufig Gertrud Heß-Haberlandt, die Herausgeberin der „Frauentrachten aus Niederösterreich" (1952), zitiert: „Zur Echtheit der Tracht gehört auch die ‚Echtheit der Träger'." Das stellt mich vor ein Problem: Ich bin eine begeisterte Dirndl- und Trachtenträgerin, womit aber soll ich meine Echtheit beweisen? Einleuchtender sind andere Richtlinien: „Mondäne Strümpfe oder Schuhe, eine beziehungslose Überkleidung, ein übertriebener Schmuck, eine auffällige Aufmachung, auch eine unmögliche Haartracht könnten die schönste Tracht entwerten" (Franz Koschier, „Die Kärntner Frauentracht und ihr Beiwerk").

Gertrud Heß-Haberlandt hat in ihrem Trachtenbuch betont, daß eine gediegene Trachtenpflege nur dann sinnvoll ist, wenn sie von der Stadt wieder aufs Land zurück führt. Wenn man Tracht trägt, hat man nicht nur auf die stilgerechte äußere Form zu achten; man bejaht damit auch Bindungen. „Die Tracht steht nicht zur freien Wahl, sondern muß als geistiges Eigentum bestimmter Landschaften anerkannt werden … Ehrliches Trachtentragen erfordert aufrechte Gesinnung und Zucht. Vom Einzelmenschen also soll die Tracht Würde, Ehrenhaftigkeit und frohes Selbstbewußtsein künden."

Das klingt alles sehr schön, wird daher auch immer wieder übernommen

und geistert durch die Köpfe vieler Trachtenliebhaber. Aber die Tracht wäre wohl längst von der Bildfläche verschwunden, wäre sie tatsächlich ausschließlich mit „aufrechter Gesinnung und Zucht" gekoppelt. Und warum soll ausgerechnet die Tracht „Würde, Ehrenhaftigkeit und frohes Selbstbewußtsein" vermitteln? Mit solchen Klischees wird die bunte, oft Lebensfreude versprühende,

manchmal auch Armut, Kargheit signalisierende bodenständige „Volkstracht" verlogen, zumindest aber steril und fad. So scheint es zumindest mir, die ich als Kind und junges Mädchen das übermütige Tanzen und Musizieren im Salzkammergut, speziell im Ausseerland, erlebt habe – selbstverständlich trugen die meisten Tänzer und Musikanten ihr uriges Trachteng'wand, und viele Burschen gefährdeten zu vorgerückter Stunde infolge übermäßigen Alkoholgenusses die Würde der Tracht, während das „echte" Volkstanzen eher einem hehren Lämmerhüpfen glich.

Oben:
Festtracht mit Elementen aus der Tiroler Tracht.

Gegenüberliegende Seite:
Erneuerte Rittener Tracht (Vorlage Pesendorfer) und erneuerte Sarntaler Tracht (einem historischen Sarner-Mieder nachempfunden).

Die Trachtenmappen, die heute auf dem Markt und eine nicht wegzudenkende Hilfe sind, zeigen schon bei oberflächlichem Vergleich zahlreiche Gemeinsamkeiten, die aber nicht betont werden – im Gegenteil, es wird der Eindruck vermittelt, daß es sich jeweils um ganz typische lokale Sonderformen handelt.

Oben:
Sogenanntes Toblacher Winterdirndl.

Gegenüberliegende Seite:
Blusen-Leinendirndl und Ärmeldirndl aus Bettzeugkarostoff.

Solche Gemeinsamkeiten sind:

❒ der blaue Baumwolleiblkittel, hochgeschlossen oder mit meist rundem Ausschnitt. Er ist in ganz Österreich zu finden.

❒ der karierte Leiblkittel, hochgeschlossen oder ausgeschnitten, mit einem Rock aus demselben Material, aus blauer Baumwolle mit Streumuster oder aus schwarzem Wollstoff. Er ist in Niederösterreich, Oberösterreich, Salzburg, Tirol und Kärnten unter den verschiedensten Bezeichnungen bekannt.

❒ das Wollbrokatleibchen mit schwarzer Samtverzierung oder mit

Rüschen- beziehungsweise Goldbortenverzierung, meist in den Farben Rot, Grün oder Blau, mit schwarzem Rock und blauer, goldener oder rosafarbener Schürze. Es ist ebenfalls in ganz Österreich zu finden, ebenso wie

❒ das Winterdirndl. Es ist meist hochgeschlossen, mit glatten, gezogenen oder in Falten gelegten Ärmeln, aus zünftigem Blaudruckbarchent oder elegan-

terem, in sich gemustertem Wollstoff in den klassischen Dirndlfarben Schwarz, Braun, Grün, Flieder, Blau und Rot.

❒ die Festtrachten aus Brokat, mit gehaftelten oder geknöpfelten Leibchen, meist im kleinen Streumuster, in allen Farben vom hellen Pastell bis zum tiefen Schwarz, der Rock aus demselben Material oder aus einfarbigem Wollstoff, die Seidenschürze auf die Farbe des Dirndls abgestimmt.

Vor allem in Westösterreich zu finden, früher aber in allen Bundesländern vertreten sind:

❒ das Leiberl beziehungsweise Mieder mit Verschnürung und losem, jetzt häufig schon fixiertem Latz. Eine bekannte Variante ist der rote Wollbrokatleib mit Bänderverzierung (sowohl Seiden- als auch Woll- und Samtbänder in verschiedenen Varianten; heute sind diese Details Unterscheidungsmerkmale vieler erneuerter Tiroler und Kärntner Trachten); dazu meist ein schwarzer Woll-

Oben:
Dirndln mit dem im Salzkammergut unverzichtbaren „Wetterfleck".

Gegenüberliegende Seite: Sommerdirndl, der Osttiroler Festtracht nachempfunden.

Unten: Winterdirndl aus gewürfeltem Barchentstoff mit Chenille-Weste („Seelenwärmer").

stoff mit oder ohne rotes Kittelblech, manchmal auch grüne oder blaue Seidenbänder. Auch das Schnürmieder aus Brokat zählt dazu, in Pastelltönen, mit einem Rock aus demselben Stoff oder farblich abgestimmtem Wollstoff. Diese erneuerten Festtrachten haben die unzähligen Barock- und Rokokotrachten zum Vorbild.

Gegenüberliegende Seite: Winterdirndl mit Schafwollweste.

❒ die Bürgerkleider. Die Landbevölkerung übernahm sie von der bürgerlich-städtischen Kleidung und legte sie dann wieder ab. Heute werden sie im Zuge der Trachtenerneuerung reaktiviert.

Diese Formen gleichen sich, allen lokalen Bezeichnungen zum Trotz, in sämtlichen Bundesländern (und in ganz Mitteleuropa).

Oben: „Halbfestliches“ Winterdirndl aus Cloth.
Gegenüberliegende Seite: Wollbrokattracht mit plissiertem Rock.

Gegenüberliegende Seite:
Leiblkittel und Brustfleck-dirndl (rechts).

Unten:
Sogenanntes Putzleinsdorfer Alltagsdirndl mit Loden-spenzer.

19-C+M+B-93

Dazu gibt es die verschiedenen Spenzer:

❒ Handstrickspenzer, von den schlichten Jacken in einfacher Strickweise bis zu komplizierten Fassonen und Mustern. Neben den Naturfarben findet man auch eingefärbte Wolle: Schwarz, Grün, Rot und Blau sind, wenn auch sporadisch, überall vertreten.

Oben:
Leiblkittel mit Handdruckschürze.

Gegenüberliegende Seite:
Ärmeldirndl mit Bettzeugschürze.

❒ einfache Loden-, Leinen- oder Samtschlawanker in sämtlichen traditionellen Farben, mit buntem Baumwollfutter, hochgeschlossen, mit Schinkenärmeln oder glatten Ärmeln, Formen, die mit dem Rock zusammengenäht das Winterdirndl ergeben.

❒ (Seiden-)Brokatspenzer in (alt)modischen Varianten, prunkvoll im Schnitt und in der Verzierung, hochgeschlossen oder ausgeschnitten. Kombiniert mit einem Rock aus demselben Material entsteht ein Vorläufer beziehungsweise Nebenläufer des Bürgerkleides. Mit einer Schürze kombiniert wird daraus das allgemein übliche bäuerliche Spenzerkleid.

So einfach wäre es – in groben Zügen. Die verschiedenen Kopfbedeckungen ergeben großräumige Unterscheidungsmerkmale (die allerdings heute nur selten zu finden sind, da die Vielfalt an Hüten und Hauben der Vergangenheit angehört).

Wenn man genauer hinsieht, wird es allerdings viel komplizierter: In der

Oben:
Leinendirndl in Anlehnung an die erneuerte Festtagstracht.

Gegenüberliegende Seite: Hochgeschlossener Leiblkittel aus Chenille mit Bettzeugrock.

einen Vorlage (Steiermark) werden tiefe Ausschnitte und Brustverschnürungen abgelehnt, obwohl dies historisch gerechtfertigt wäre – aber es ist eben nicht zeitgemäß. In benachbarten Bundesländern (vor allem in Salzburg) dagegen sind tiefer Ausschnitt und Miederverschnürung erlaubt und zeitgemäß. Gestreifte Oberteile beziehungsweise Mieder werden generell abgelehnt, obwohl der aufmerksame Museumsbesucher sich vom historischen Gegenteil überzeugen kann. Die Trachtenmode allerdings hat diese gestreiften Leibchen wiederentdeckt und auch neue Kombinationen bei den Stoffen gefunden: etwa Rock

und Oberteil aus unterschiedlich gemustertem Stoff, aber in derselben Farbe, die Schürze dazu im Ton abgestimmt. Auch hier gibt es genügend historische Vorbilder, aber die Trachtenspezialisten sind gegen derartige Kombinationen.

In einigen Bundesländern von der Trachtenpflege abgelehnt, in anderen wiederum gestattet sind außerdem:

Oben und gegenüberliegende Seite: Leiblkittelvariationen.

❒ großgemusterte Stoffe (man erinnere sich nur an die herrlichen alten Handdruckmuster).

❒ rote (rosa), gelbe, goldene, weiße und grüne Schürzen (ein Verbot dieser Schürzen findet sich in der steirischen Trachtenmappe).

❒ Metallschließen für Schürzen (es gibt herrliche alte und neue Muster).

❒ Seidentücher sind zwar erlaubt, müssen aber genau nach Vorschrift befestigt sein: Sie dürfen nicht über die Schulter hängen und sollen, mit den Knüpffransen nach außen, ordentlich gerafft und am Leibchen befestigt sein.

Das ist oft allzu adrett – man denke nur an die Darstellung auf alten Stichen.

❒ In manchen Bundesländern dürfen heute die Schürzenbänder nur noch hinten gebunden werden, während in anderen auch eine seitliche Bindung, ja manchmal sogar eine solche vorn in der Mitte gestattet ist. Auch die Schürzenbänder sind plötzlich nur noch in dieser oder jener Breite „trachtenecht".

❒ Manche Vorlage erlaubt zum einfachen Leiblkittel nur die schlichte Kimonobluse, während die andere auch Schinkenärmel und Puffärmel gestattet.

❒ Der Leiblkittel oder das Hitzg'wand ohne Bluse ist verpönt – als Arbeitskleid auf dem Feld hat man es an Hochsommertagen gewiß nie mit einem blütenweißen Hemd (= Bluse) getragen.

❒ Ein eigenes Kapitel sind die Strümpfe. Einmal sind nur weiße Stutzen mit Lückerlmuster erlaubt, dann wieder nur lange Strümpfe, die kein bißchen Haut sehen lassen dürfen, einmal sind rote und blaue Strümpfe erlaubt, Rosa

Oben:
Das Dirndl, ein Kleid für jedes Alter und für jede Größe: sogenanntes Seewinkel- und Wachauer Alltagsdirndl.

Gegenüberliegende Seite: „Hitzg'wandl".

und Lila jedoch verpönt (obwohl sie alte und bewährte Dirndlfarben sind). Hautfarbene Strümpfe beziehungsweise Strumpfhosen werden durchwegs abgelehnt, obwohl sie in der Praxis von „normalen“ Trachtenträgerinnen natürlich verwendet werden. Socken werden einmal abgelehnt, dafür ein andermal Strümpfe aus Kunstfasern angepriesen.

Oben:
Drei Dirndln im Dirndl.

Gegenüberliegende Seite: Der glatte Brustfleck, ursprünglich nur Unterkleid, wird zum „Hitzg'wandl“ (und mit Bluse und Schürze kombiniert zum Dirndl).

❐ Verpönt sind vielfach die farbenfrohen Strickwesten, vor allem wenn diese auch noch bunt bestickt sind. Die Trachtenmode hat diese Jäckchen vor mehr als fünfzig Jahren „erfunden“. Sie wurden von der wissenschaftlichen Trachtenerneuerung nicht autorisiert und werden daher wie viele andere selbständige Weiterentwicklungen ignoriert beziehungsweise abgelehnt.

❐ Strenge Vorschriften existieren auch bei den Schuhen: Erlaubt sind nur schwarze „Niederschuhe“ oder Schlüpfer mit nicht zu hohen, spitzen oder breiten Absätzen. Mit kleinen Silberschnallen dürfen sie zur Festtagstracht getra-

gen werden, zur Alltagstracht sind auch einfache, allenfalls geschnürte Halb- und Haferlschuhe erlaubt.

❐ Erstaunlich der Hinweis (Merkblatt für steirische Trachten), daß zur Tracht keine Plastiksäcke zu tragen sind. Daraus könnte man die Notwendigkeit ableiten, beim Einkaufen nicht in Tracht zu gehen, um keine Vorschriften

Kittel, „Hemad", Schurz in verschiedenen Blaudruck-Variationen.

zu verletzen. Häufig findet man die Forderung nach echtem Schmuck und echten Knöpfen – eine Forderung, die man für die Kleidung einer elitären, begüterten Schicht aufstellen kann. Die Tracht sollte aber doch immer volkstümlich, das heißt auch für die weniger Betuchten erschwinglich sein.

Es stimmt natürlich, daß das Dirndl, die Tracht, nicht der Mode unterliegt und daß man daher beim Kauf etwas mehr Geld ausgeben kann als für ein Kleidungsstück, das nur allzubald unmodern wird. Und jemand, der mit der Nadel geschickt umgehen kann und über Zeit und Geduld verfügt, kann auch sehr viel selber machen. Abgesehen davon aber bietet die Konfektion sowohl in den orthodoxen Heimatwerken wie auch in den vielen Trachtenhäusern akzeptable Alternativen für jung und alt. Die persönliche (Handarbeits-) Note kann einem solchen Stück ohne allzu große Mühe verliehen werden.

Die durch die Trachtenerneuerung etwas erstarrten „Urformen" sind heute durch die Trachtenmode wieder neu belebt. Was in den dreißiger Jahren vereint wurde (nämlich Rock und Mieder), ist heute zum Teil wieder als „Single" da, wenn auch von einigen anerkannten Trachtenfachleuten abgelehnt. Das „Hemat", das bis zum unteren Brustansatz verkürzt und zur Bluse wurde, ist wieder länger und wird mit dem weiten „Bauernrock" kombiniert, der nicht nur die von der Trachtenpflege geforderten Stehfältchen hat, sondern auch maschingezogen, ausgeschrägt oder in Falten gelegt sein kann – je nach den „Stärken" beziehungsweise „Schwächen" der Trägerin. Mit Leinenspenzer oder Handstrickweste kombiniert, ergibt das ein brauchbares Kleidungsstück für Stadt und Land, für Arbeit und Freizeit. Sollte man aber als stilechtes Dirndl auftreten wollen, muß man bloß ein Mieder zu Rock und Bluse kombinieren und eine Schürze umbinden. Für festliche Varianten benötigt man noch eine Seidenschürze und ein Seidentuch, für kühles Wetter einen Lodenschlawanker. Der Brustfleck ohne Bluse, lediglich mit einem Blaudruckrock kombiniert – die Arbeitskleidung unserer Urgroßmütter –, ergibt ein schickes Sommerg'wand, das mit Strohhut und Holzschlapfen äußerst trachtenecht ist (allerdings findet sich diese Variante in keiner Trachtenmappe).

Und die vielen anderen Varianten, die das Dirndl, die Tracht und die Trachtenmode so liebenswert, so praktisch zeitlos und so international machen, finden Sie zumindest andeutungsweise im folgenden Kapitel.

Die Grundformen und ihre praktische Umsetzung

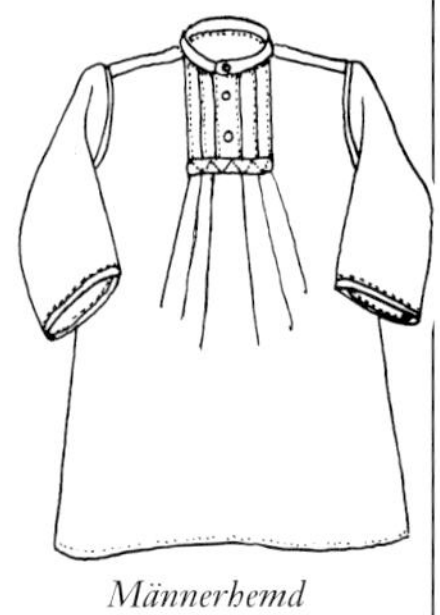

Männerhemd

Frauenhemd

Rock

Fast könnte man sagen: „Am Anfang war das Hemd", wurde doch das „Hemat" oder die „Pfaid" – heute auch das oder die „Pfoad" – von Mann und Frau in verschiedenen Varianten seit Urzeiten getragen. Das Wort „Hemd" geht übrigens auf die indogermanische Wurzel „kem = bedecken, verhüllen" zurück.

Das knielange Leinenhemd in einfacher Schnittform hat die Frau seit der Bronzezeit begleitet. Erst im 20. Jahrhundert hat sich beim Dirndl statt des langen „Hemat" auch die kurze Dirndlbluse durchgesetzt.

Neben dem Hemd, das gleichermaßen als Unterhemd, Nachthemd und Arbeitskleid diente, trug man je nach Witterung beziehungsweise Mode noch den Kittel oder Rock sowie ein Umhängtuch oder eine Ärmeljacke. Unter dem Hemd war aus klimatischen oder ästhetischen Gründen ein wärmendes oder stützendes Mieder obligat, das auch in Form einer Leibbinde oder eines Brustflecks seine Dienste versah. Aus nicht ganz erklärlichen Gründen wurde dieses „Unterg'wand" manchmal auch zum „Oberg'wand" – die prachtvollste Ausprägung sind die Barockschnürmieder, die zum Teil noch in der Tracht weiterleben.

Das „Fürtuch", die Schürze, war vor allem als Schutz bei der Arbeit gedacht, vielfach hatte es jedoch auch symbolhaften Charakter – so zum Beispiel die weiße Schürze, die nur bei Hochzeiten getragen werden durfte. Bis heute gilt etwa in der Südtiroler Männertracht der blaue Schurz als Bekenntnistracht. Später wurde die Schürze ein wichtiger schmückender Bestandteil der bäuerlichen Kleidung. Neben der blauen Arbeitsschürze, die oft nicht mehr war als ein Leinenfleck mit zwei Bändern, gab es prachtvolle Handdruck- und Seidenschürzen in verschiedenen Verarbeitungen und mit phantasievollen Verzierungen. Heute beginnt die Trachtenmode die etwas eintönigen Schürzenformen – einfach und doppelt breit, maschin- oder handgezogen, mit ihren genauen Vorschriften über Bandbreite und Knüpfungsart der Bänder – durch neue (alte) Formen zu bereichern.

Die Freude am Kombinieren nimmt zu, vor allem bei der Jugend. Allzu Perfektes, steril Vorgedachtes ist nicht mehr „in". Flohmarktstücke werden mit

der Garderobe der Eltern kombiniert, teure Boutiquemode wird ergänzt durch lässige Sportkleidung – der Phantasie sind keine Grenzen gesetzt. Dieser Trend macht auch vor der Tracht, dem „trachtigen G'wand", nicht halt. Das Hemd, die Bauernbluse, das „Pfoad", aus weißer Baumwolle oder weißem Leinen, findet als Unterkleid, als Unterhemd, als Nachthemd sowie als Strandkittel Verwendung, das gezogene Männerhemd sogar als Umstandskleid. Es läßt sich auch mit Jeans und Hosen aller Art kombinieren (wenn es außen getragen wird, kaschiert es eventuelle „starke" Schwächen).

Der weite Bauernrock, zum weißen Hemd getragen, gibt dem Ganzen bereits die etwas ländliche Note. Ein Leibchen, zu Hemd und Bauernrock kombiniert, verstärkt diese Note noch. Besonders günstig ist ein Leibchen mit verlängertem Oberteil (es macht schlanker). Das Leibchen kann hochgeschlossen sein, aber auch rund oder eckig ausgeschnitten, der Verschluß besteht aus Hafteln, Knöpfen oder Schnüren. Bei den Schnürmiedern sind auch „Rumpfformen" beliebt, also breite, geschnürte Passen.

Zu Hemd, Rock und Leibchen noch eine Schürze – fertig ist das Sommerdirndl. Für dieses Dirndl gibt es natürlich unendlich viele Variationsmöglichkeiten. (Ein Rat an Unsichere: Halten Sie sich an die klassischen Formen und Muster!)

Kombiniert man das Mieder mit einer festlichen Smokbluse, mit einem langen Rock aus Wollstoff oder Seidenbrokat sowie einer eleganten Seidenschürze und ergänzt vielleicht noch mit einem farblich abgestimmten Seidentuch, dann ist man auch für große festliche Ereignisse passend angezogen (das ist man natürlich auch im kurzen Rock). Trägt man zum Seidenbrokatrock eine elegante Rüschenbluse und einen g'schmackigen Samtspenzer sowie ein Seidentuch als Schärpe, so kann man mit etwas Fingerspitzengefühl aus den „trachtigen" Stücken etwas Hochmodisches zaubern.

Bei heißem Wetter hat man früher oft das sogenannte „Hitzg'wandl" oder „Hitzleiberl" getragen, einen einfachen oder gezogenen Brustfleck, meist aus kariertem oder gestreiftem Bettzeugstoff. Dazu zog man einen dünnen Rock oder eine Leinenhose an (nicht aus modischen Gründen, sondern als Schutz bei der Feldarbeit). Das „Hitzg'wandl", kombiniert mit einem weiten Blaudruckrock oder einem zünftigen Leinenrock, wirkt äußerst modisch und ist für heiße Sommertage bestens geeignet, zur Hose allerdings wird es nur bei ganz ranken Figuren gut aussehen. Trägt man unter dem „Hitzleiberl" eine Kimonobluse und über dem Blaudruckrock eine fesche Schürze aus Bettzeugstoff, dazu weiße, blaue oder rote Stutzen sowie Trachtenschuhe, dann wird jeder Trachtenpfleger die „echte" Tracht bewundern.

Der Leinenrock, der in Naturfarbe vor allem in Ostösterreich vertreten war, läßt sich am hübschesten mit einer schöngemusterten blauen Handdruckschürze kombinieren. Die Bluse unter dem „Hitzg'wandl" beziehungsweise das Oberteil können aufwendiger sein: weitere Ärmel, Verzierungen mit

Leibel

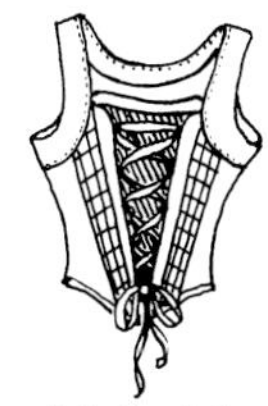
Schnürmieder

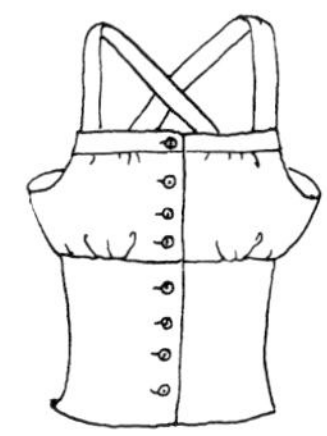
Brustfleck

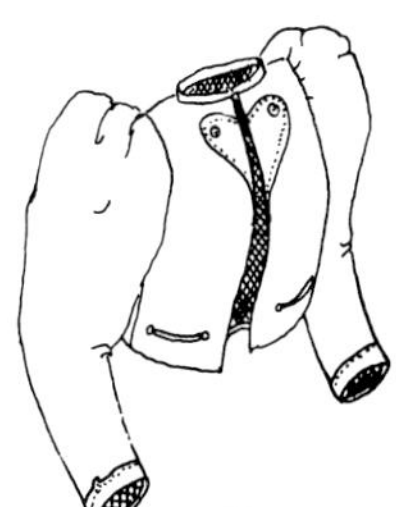
Spenzer

Schürze

Kreuzstich oder Smokarbeit. Dazu trägt man vielleicht noch ein geblumtes Wollfransentuch in „krowotischer" Bindung – eine zünftige Burgenländerin steht vor uns, deren Kleidung oft den Einfluß der Balkantrachten erkennen läßt.

Ein Dirndl mit etwas festlicherem Charakter entsteht, wenn man zum Leinenrock statt des Leiberls aus Bettzeugstoff einen Brustfleck aus schwarzem Kloth oder Lüster wählt. Die Stiefel, die man früher vorwiegend dazu trug, sind heute im modischen Schuhangebot zu finden. Ist man kein Freund von Stiefeln oder verfügt über kein geeignetes Paar, so kann man mit schwarzen Strümpfen einen ähnlichen Effekt erreichen.

Geschnürter Leiblkittel, Ende 19. Jahrhundert. Die Grundelemente und die Optik haben sich über zweihundert Jahre nicht geändert.

Aus dem Material des Rockes, also naturfarbenem Leinen, empfiehlt sich auch ein Spenzer, tailliert, mit Schinkenärmeln, der zu jedem Dirndl, zu jedem Rock paßt. Zusammen mit dem Leinenrock ergibt er ein fesches Ensemble. Das beim Dirndl „krowotisch" gebundene Tuch kann man hier lässig-modisch in allen möglichen und unmöglichen Varianten einsetzen. In diesem Zusammenhang muß kurz auf die segensreiche Funktion der Tücher hingewiesen werden: Die wertvollsten und edelsten sind die Reinseidentücher mit Zupffransen oder den aufwendigeren Knüpffransen. Diese Reinseidentücher gibt es mit eingewebten Mustern. In Österreich hat sich vor allem die Firma Flemmich seit Generationen auf die Erzeugung dieser Tücher spezialisiert. (Reinseidentücher für Trachtengruppen werden übrigens bis nach Schweden und Finnland exportiert; außerdem erzeugen unsere Webereien auch die Tücher für afrikanische Trachten!)

Reinseidentücher galten als Liebesgabe: der Bursch schenkte seinem Dirndl solch ein Tücherl, und sie trug's mit stolzer Freude. Durch ihre bunte Vielfalt paßten sie zu fast jeder Farbkombination (meines Erachtens ist es ein übertriebener Kult, wenn zu jeder Schürze ein farblich abgestimmtes Tuch vorhanden sein muß; auch die Tücher, die aus dem Schürzenstoff gemacht werden, finde ich persönlich fad; lustiger und liebenswerter ist ein Tuch, das absticht und harmonisch dazupaßt). Heutzutage sind diese Tücher zwar keine Liebesgaben mehr, aber unentbehrliche Accessoires, denn mit ihrer Hilfe kann man schlechtsitzende Leibchen ebenso kaschieren wie allzu verschlissene Stoffe oder eventuell vorhandene Flecken. Ein großes Reinseidentuch mit Fransen, eine hübsche Seidenschürze, und schon wird aus dem einfachen Blaudruckkittel eine Festtracht.

Die Angst vor dem Kombinieren verschiedener Materialien kennt die Dirndlträgerin aus dem Salzkammergut nicht: hier werden Baumwolle, Wolle, Leinen, Seidendrucke, Seidenbrokate und Samte wild durcheinandergemischt. Natürlich gibt es gewisse Grenzen – so findet man zum Beispiel keine Samtschürze, und zum Brokatdirndl trägt man keine Leinenschürze –, aber es ist erstaunlich, wie weit diese gesteckt sind.

Bäuerliche Variante der Krinolinenmode mit Volantschürze, Schoßjacke und schwarzem Flügeltuch.

Die segensreichen Seidentücher werden ergänzt durch die ebenso segensreichen Wolltücher mit böhmischem Blumenmuster, die sowohl in der Tiroler wie auch in der burgenländischen Tracht zu finden sind und zu allem passen: zum Dirndl, zum Bauernrock und zum Lodenmantel. Die Krönung dieser Wolltücher ist das sogenannte „türkische" Tuch, das in der Linzer Goldhaubentracht einen festen Platz hat und in der Biedermeierzeit als „Wiener Schal" ein Modehit war. Alte türkische Tücher sind ein beliebtes Sammelobjekt, manchmal allerdings sind sie schon so zerschlissen, daß man sie nur noch zerschneiden und je nach Ausbeute daraus ein Dirndloberteil oder ein Spenzerl zaubern kann. Die neuen türkischen Tücher sind aber genauso schön und noch dazu großartig geeignet, nicht perfekt sitzende oder allzu schlichte Kleider aufzumöbeln.

Das Ensemble Leinenrock und Spenzer verliert den modischen Touch, wenn man den Spenzer ordentlich zuknöpft, ein Seidentuch adrett mit einer Brosche fixiert und eine Schürze umbindet: ein hochgeschlossenes Ärmeldirndl ist entstanden. Statt des langärmeligen, hochgeschlossenen Spenzers kann man auch einen ausgeschnittenen, kurzärmeligen mit Schößerl wählen, der in Bayern sehr beliebt ist. Diese Art von Spenzer, mit einem schmalen, engen Rock kombiniert, wirkt eher modisch. Mit einem langen weiten Rock und einer dazupassenden Schürze ergänzt wird er zum Abenddirndl.

Die Möglichkeiten zum Kombinieren scheinen unbegrenzt, wenn man die Tracht und das Dirndl nicht in eine Schablone preßt. Dann jedoch kann ein Kleidungsstil mit ausgeprägt österreichischer Note entstehen, ein Stil, der Tradition und Mode in sich vereint.

Die unbegrenzten Möglichkeiten
Extras und Zutaten

Gegenüberliegende Seite: Zwei Dirndl im Blaudruck-g'wandl.

Die folgenden Seiten sollen nicht als vollständiger Leitfaden zur Anfertigung eines Dirndls samt Zubehör verstanden werden, sondern als Anregung, was man rund um das Dirndl selbst machen kann und welche Varianten dabei möglich sind.
Es gibt eine große Anzahl von Strick-, Stick-, Häkel- und sonstigen Handarbeitsbüchern auf dem Markt, aus denen man sich die verschiedensten Anregungen holen kann und die sehr hilfreich sind. Trotzdem weiß man oft nicht, wofür sich dieses oder jenes Muster eignet oder was man mit dem schönen alten Bauernleinen anfangen könnte, das man schon so lange zu Hause hortet. In manchen Haushalten gibt es auch noch einen Schatz an hübschen alten Deckchen, an Spitzen oder Häkelborten aus Großmutters und Urgroßmutters Besitz; besonders Glückliche verfügen sogar noch über alte Blusen und Unterröcke oder „Unaussprechliche", die langen Beinkleider, wie man sie ehemals trug. Sie sind meist wunderschön gearbeitet, aber in ihrer ursprünglichen Form für den heutigen Gebrauch nicht mehr ganz geeignet.
Das Dirndl, das glücklicherweise Modeströmungen nur in einem geringen Maß unterworfen ist, eignet sich besonders gut zum Kombinieren mit schönen alten Stücken, die man nicht völlig verändern möchte. Wem es zum Beispiel leid tut, eine schöne alte Spitze zu zerschneiden, der kann sie an den Saum eines Unterrocks nähen, und wenn das gute Stück zu kurz ist und nicht für die ganze Saumrundung reicht, macht das auch nichts, denn es sieht sogar besonders hübsch aus, wenn an einer Unterrockrüsche verschiedene Spitzen nebeneinandergereiht sind. Ein altes Deckchen wiederum kann auf den Rücken einer Bluse oder das Vorderteil eines Unterrocks appliziert werden, und wenn man sich an der Bluse oder dem Unterrock in dieser Form sattgesehen hat, trennt man das Deckchen einfach wieder ab und legt es (zum Beispiel) unter einen Blumentopf. Sehr hübsch sehen auch Taufkleider aus, auf die verschiedene Stücke alter Häkelarbeit appliziert sind.

Blusen

Die Bluse ist ein wichtiger Bestandteil des Dirndls. Eine Ausnahme bilden nur jene Trachten, bei denen keine Bluse vorgesehen ist, wie etwa das Bürgerkleid oder der Leiblkittel mit Ärmeln aus demselben Stoff. Bei den Blusen gibt es nicht nur eine große Vielfalt an Formen, sondern auch Veränderungen, zum Beispiel bei den Ärmeln, die der Mode unterliegen.

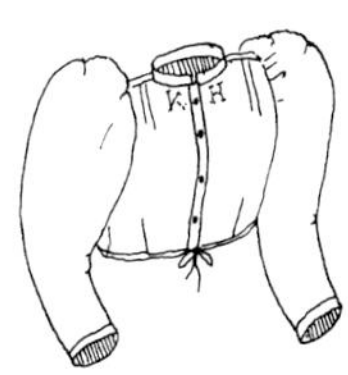

Bluse mit Schinkenärmeln

Fertig gekauften Blusen eine individuelle Note zu geben, ist nicht schwer: Kleine Veränderungen machen sie zu persönlichen Einzelstücken, etwa ein Monogramm, das man zu beiden Seiten der Knopfleiste, in den Ecken des Ausschnitts oder am Ärmel einstickt. Der Halsausschnitt und die Ärmelbündchen wiederum können mit weißen oder bunten Zierstichborten bestickt werden. Eine weitere Möglichkeit besteht darin, an den Ausschnitt und die Ärmel selbstgehäkelte oder – was besonders edel wirkt – alte Klöppel-, Häkel- oder Lochstickereispitzen anzunähen.
Findet man (etwa auf Flohmärkten) schöne alte Blusen, ist das natürlich ein absoluter Glücksfall. Auch sie können individuell verändert werden. Aber bitte nach Möglichkeit nur mit dazupassenden (alten) Materialien! Alte Blusen können, da sie aus Baumwolle oder Leinen sind, ohne weiteres in der Waschmaschine bei hohen Temperaturen gewaschen werden. Auch alte Spitzen, die grau oder vergilbt sind, kann man ruhig auskochen. Am besten steckt man die Bluse oder Spitze vor dem Waschvorgang in einen Kissenüberzug.

Bluse mit seitlichem Verschluß

Eine weitere Möglichkeit, zu einem besonderen Stück zu kommen, besteht darin, aus altem Leinen (zum Beispiel einem Laken) eine neue Bluse zu nähen. Altes Leinen hat unter anderem den Vorteil, beim Waschen nicht mehr einzugehen.

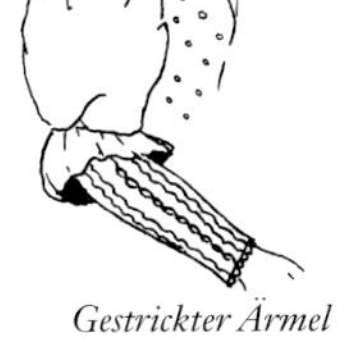

Gestrickter Ärmel

Alte lange Leinenbeinkleider haben meist sehr liebevoll verzierte Hosenbeine. Diese kann man zu schönen Blusenärmeln umfunktionieren – falls man nicht die Hose selbst noch unter dem Dirndl anziehen möchte.

Für den Winter findet man bei manchen Trachten auch gestrickte Blusenärmel. Diese können entweder als ganze Ärmel (zum Beispiel lang mit einer weiten Armkugel) oder wie etwas längere Pulswärmer zum kurzen Blusenärmel gestrickt werden. Das Material ist feine Schafwolle oder Baumwollgarn. Als Muster werden einfache Strumpfmodel verwendet.

Schürzen

Auch bei den Schürzen gibt es zahlreiche Variationsmöglichkeiten. Die ganz gewöhnliche Alltagsschürze ist einfach breit, hand- oder maschingezogen und aus bedrucktem oder einfarbigem Baumwollstoff. Besonders hübsch sind Schürzen aus handgewebtem Leinen, mit einem eingestickten Monogramm am Saum oder Bund. Wer das Dirndl bei der Haus- und Gartenarbeit trägt, kann auch noch eine Tasche auf die Schürze nähen.

Eine weitere Variante ist ähnlich wie die Servierschürzen der Jahrhundertwende in Bahnen geschnitten und am Bund leicht gezogen. Sie wird nach unten hin weiter. Der Saum ist meist mit Biesen geziert.

Leinenschürze

Etwas aufwendiger zu arbeiten sind die doppelt breiten Schürzen. Hier wird eine Stoffbahn geteilt, und die beiden Hälften werden rechts und links an die andere Stoffbahn angenäht, um eine Mittelnaht zu vermeiden.

Handgewebtes und handbedrucktes Leinen ist meist nicht sehr breit, deswegen sollte man Schürzen aus diesem Stoff zweibahnig nähen. Auch die Seidenschürzen zu den Festdirndln fallen schöner und üppiger, wenn sie doppelt breit genäht werden (Seidenbrokat ist allerdings oft zu starr).

Bei besonders festlichen Schürzen werden – wie zum Beispiel beim Ausseer Dirndl – rund um die Schürze gleichfarbige Spitzen angenäht. Aber bitte keine Nylonspitzen verwenden! Sie sind bei Trachtenexperten verpönt und außerdem keineswegs praktisch, wie man vielleicht glauben könnte, da sie beim Bügeln gern schmelzen. Allgemein gilt für alle Handarbeiten, die mit Materialien wie Baumwolle oder Leinen ausgeführt werden, daß man sich immer überzeugen sollte, ob Stickgarne, Nähfaden oder Spitze die hohen Temperaturen vertragen, mit denen Baumwolle beziehungsweise Leinen gewaschen und gebügelt werden.

Seidenschürze mit Spitzen

Die festliche Schürze kann am Saum ebenfalls mit Biesen verziert werden, die nicht nur schön, sondern auch zweckmäßig sind: so kann man die Schürze leicht verlängern oder kürzen, wenn man sie zu verschiedenen Dirndln tragen will.

Den Schürzenbändern kommt große Bedeutung zu. Sie sind entweder beidseitig gesäumt, etwa zehn Zentimeter breit, und können zu einer schönen Masche gebunden werden, oder doppelt zusammengenäht, gewendet und schmaler. Die einfache Methode, die beiden Bänder auf der rechten Seite zusammenzusteppen, wird von wahren Schneiderinnen jedoch verachtet, Zuwiderhandelnde werden mit schiefen Blicken bedacht.

Ob die Schürzenbänder hinten oder vorne zur Schleife gebunden werden, ist Geschmackssache. Ob die Schleife allerdings vorne rechts oder vorne links gebunden wird, hatte früher eine tiefere Bedeutung: die Schleife auf der rechten Seite war den verheirateten Frauen vorbehalten, ledige Frauen mußten sie auf der linken Seite binden.

Alltagsschürze

In Bahnen geschnittene Schürze mit Biesen

Unterrock und Beinkleid

Im Vergleich zur praktischen, dekorativen und nicht zuletzt auch moralischen Bedeutung, die der Unterrock noch zu Anfang dieses Jahrhunderts hatte, führte er in neuerer Zeit bis vor kurzem ein regelrechtes Schattendasein. Dabei bietet er gerade jemandem, der eine geheime Leidenschaft für Stickerei und Schleifchen hegt, eine herrliche Möglichkeit, sich einmal so richtig auszutoben.

Alles, was man an alten und neuen Spitzen, an Stickereiborten und anderem dazupassenden Zierat findet, kann an einem Unterrock verarbeitet werden. Als Material wird man für den Sommer Batist oder dünnes Leinen wählen, für den Winter den wärmeren Barchent. Alte Unterröcke sind oft aus einem Stoff gefertigt, der auf der Innenseite wie Flanell und auf der Außenseite wie Pikee gemustert ist. Der Unterrock gibt dem Dirndlrock mehr Körper und wärmt auch, wenn man am Abend noch im Freien sitzen möchte. Wer meint, daß ein Unterrock dick mache, ist im Irrtum. Das schlankmachende Geheimnis liegt im richtigen Schnitt: der Unterrock soll oben figurnah geschnitten sein und erst ab dem zweiten Drittel weiter werden.

Besonders praktisch sind die fast in Vergessenheit geratenen, aber in letzter Zeit nicht nur im Fasching hervorgeholten langen Beinkleider. Wer zum Beispiel schon einmal im Dirndl Rad gefahren ist, im Wald nach Beeren gesucht hat oder bei heftigem Wind spazierenging, der wird ein solches Modell sehr zu schätzen wissen. Im Winter sind die Hosen unter dem Winterdirndl angenehm warm, und wer sich aus Schlankheitsgründen nicht mit einem Unterrock anfreunden kann, sollte es doch einmal mit einem Beinkleid versuchen.

Sowohl Unterröcke als auch Beinkleider sind besonders hübsch, wenn man sie mit gehäkelter Spitze verziert.

Spitze für Unterrock oder Beinkleid

Material: weißes Garn, Stärke 10-20
Häkelnadel, Stärke etwa 1,25–1,50
1 Anfang
2 Pikotreihe, erst nach Fertigstellung der Spitze häkeln
3 Luftmaschen für unteren Rand, zum Befestigen am Stoffrand

▲ = Pikot
ı = feste Masche
+ = Stäbchen
• = Luftmasche

Strickjacke mit runder Passe

„Gmundner Jackerl"

Material: Schafwolle
Nadelstärke: 3 – 3 1/2
Maschenangabe für Größe 38 – 40
M = Masche
R = Riegerl
zun. = zunehmen
abn. = abnehmen

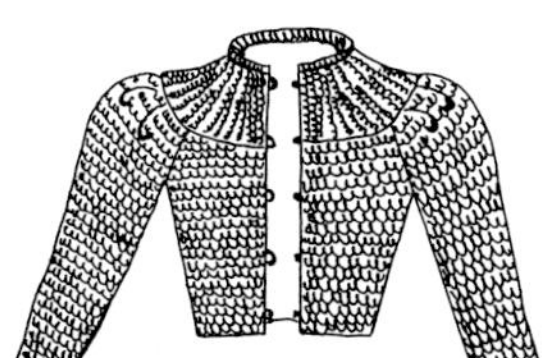

Muster: Jede Reihe glatt stricken. 2 Reihen sind ein Riegerl.

Rücken: 90 M anschlagen, 60 R hoch bis zum Armloch stricken, dabei verteilt rechts und links je 10 M zun. Für das Armloch wie folgt abn.: beidseitig je 1 x 5 M, 1 x 2 M, 3 x 1 M abn. Dann 16 R weiterstricken. Für die Rückenrundung abn.: von der Mitte aus beginnend 1 x 18 M, 3 x 5 M und 3 x 5 M. Den Rest mit jeweils 2 M auf einmal abn. bis alle Maschen abgenommen sind. Auf der zweiten Seite ebenso abn.

Vorderteil: 47 M anschlagen. 60 R hoch bis zum Armloch stricken, dabei auf einer Seite verteilt 10 M zun. Armloch wie für den Rücken abn. 10 R hochstricken. Für den vorderen Ausschnitt 1 x 18 M, 1 x 6 M, 3 x 4 M und 5 x 3 M abn.. Zweites Vorderteil gegengleich arbeiten.

Passe: 26 M anschlagen, davon werden 11 M nur jede zweite Reihe abgestrickt. Bei Beginn der Passe strickt man zuerst 5 R hoch alle Maschen und beginnt dann erst mit der Teilung (15 M –11 M). Gezählt werden die oberen Riegerln. Es müssen mit Anfang und Ende 89 Riegerln sein.

Ärmel: 48 M anschlagen. Bis zum Armloch 18 x je eine Masche rechts und links zun. Die Ärmellänge je nach Größe selbst bestimmen. Für das Armloch 1 x 5 M und 1 x 1 M abn. 5 R hochstricken und jeweils links und rechts 1 M abn. Das Ganze 5 x wiederholen, dann 7 x 2 M abn. und zum Schluß die restlichen M auf einmal abketten.

Alle Teile zusammennähen. Dann die ganze Jacke oder nur die vorderen Kanten mit kariertem Stoff füttern. Die Jacke wird mit großen silbernen Hafteln geschlossen.

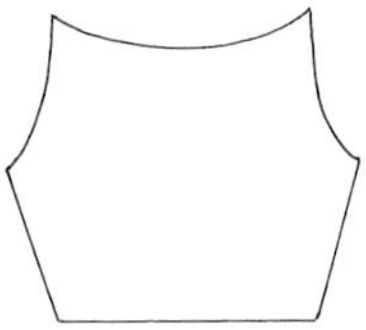

Rücken

Vorderteil

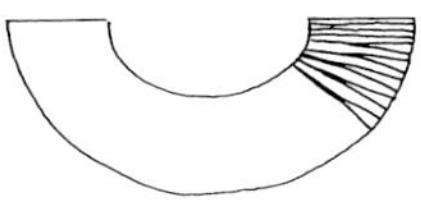

Vorderteil

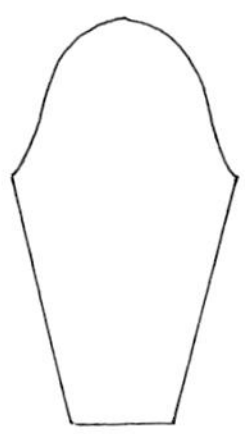

Vorderteil

Tuxer Jackerl

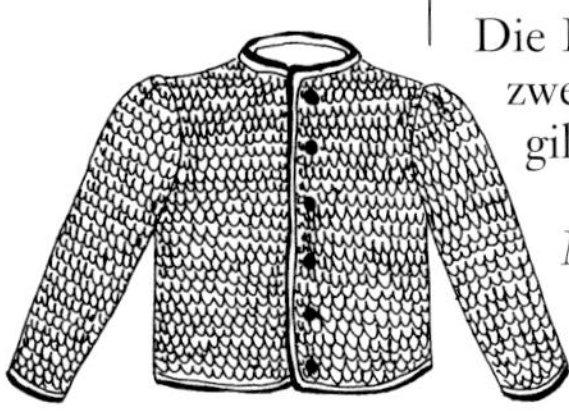

Die Eigenart des Tuxer Jackerls besteht darin, daß die Kanten eines grauen Jackerls zweifarbig (rot-grün) gestrickt werden. Wenn man die Kante nur einfarbig arbeitet, gilt der Schnitt für das überall gebräuchliche, zu allem passende Universaljackerl.

Material: Schafwolle, je nach Verwendungszweck dicker oder dünner.

Nadelstärke: richtet sich nach der Wolle. Unsere Angaben gelten für Nadelstärke 3 – 4.

Muster: nur glatt rechts gestrickt (riegerlglatt). Maschenangaben siehe Zeichnung für die Größen 40, 42 und 44 (für Größe 42 und 44 in Klammer). Halsausschnitt und Knopflochleiste werden im nachhinein in der Farbe der Borte angestrickt.

M = Masche

R = Riegerl (1 Riegerl besteht aus einer glatten und einer verkehrten Reihe)

Rücken: Anschlag: 80 (90/100) M hochstricken bis zu 60 (65/65) Riegerln. Ärmelloch abnehmen: 4 (2/2x1) M

5 (2/2x1) M beidseitig

6 (2/2x1) M

Achsel abnehmen: 3 x 7 (3 x 8/3 x 9) beidseitig; Rest auf einmal abketten

Vorderteil:

Anschlag: 48 (52/59) M

nach 14 Riegerln Schlitz für Taschen stricken

hochstricken bis zu 60 (65/65) Riegerln

Ärmelloch abnehmen wie bei Rücken (einseitig)

Halsausschnitt abnehmen: 9 (2 x 2/3 x 1) M

9 (2 x 2/4 x 1) M

10 (2 x 2/3 x 1) M

Achsel abnehmen:

wie bei Rücken (einseitig)

Zweites Vorderteil gegengleich arbeiten.

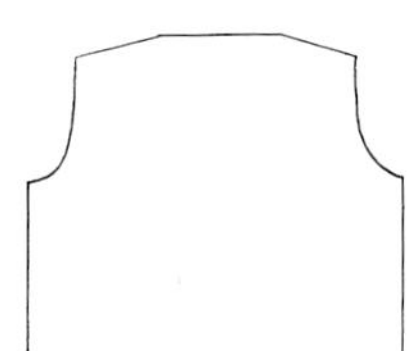

Rücken

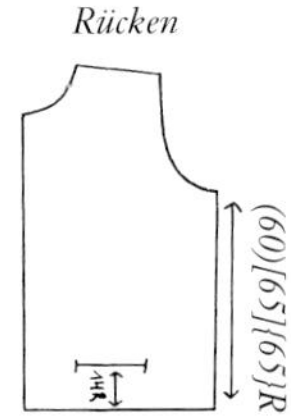

Vorderteil

Ärmel:
Anschlag: 42 (46/46) M
Länge individuell abmessen und dann bis zum Armloch 11 x 1 M rechts und links auf die Länge verteilt zunehmen.
Armloch: wie bei Rücken beidseitig abnehmen.
Kugel: 4 x alle 5 Riegerln je eine Masche rechts und links abnehmen. Den Rest auf einmal abnehmen (für alle Größen gleich).

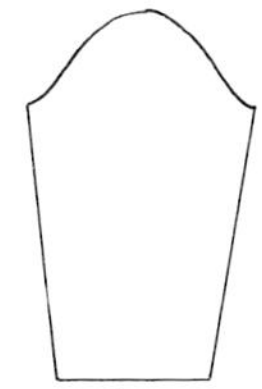

Ärmel

Gestrickter oder gehäkelter Beutel

Material: Baumwollgarn (günstig ist es, wenn das Garn etwas glänzt), 5 Stricknadeln, Stärke 2 – 2 1/2, oder eine Häkelnadel, der Garnstärke entsprechend.
Für den Strickbeutel etwa 26 bis 30 Maschen pro Nadel anschlagen. Das Muster kann man nach Belieben aus den verschiedenen Strick- und Häkelbüchern wählen. Gestrickt wird von oben nach unten. Begonnen wird mit einigen glatten Reihen, an welche eine schmale Häkelborte für die Kordel angefügt wird. Eine zweite Möglichkeit für den oberen Rand ist eine umgebogene Kante mit Mäusezähnchen Anschließend strickt man etwa 20 cm im gewählten Muster hoch und nimmt dann sternförmig wie bei einer Mütze ab. Bevor man den Beutel mit Seide füttert, kann man ihn noch mit kleinen Glasperlen besticken. Zum Schluß wird eine einfache Quaste aus demselben Baumwollgarn angenäht. Auch die Kordel wird aus demselben Garn geknüpft, gehäkelt oder gedreht.
Der Häkelbeutel wird von unten nach oben gearbeitet. Er kann entweder im Lochmuster oder aus festen Maschen gearbeitet werden. Man beginnt mit einem Luftmaschenring und nimmt dann stetig bis zur gewünschten Weite zu. Weiterhäkeln bis zu einer Höhe von 15–20 cm. Am oberen Rand eine kleine Häkelborte für den Kordeldurchzug arbeiten. Die weitere Ausfertigung erfolgt wie beim gestrickten Beutel.

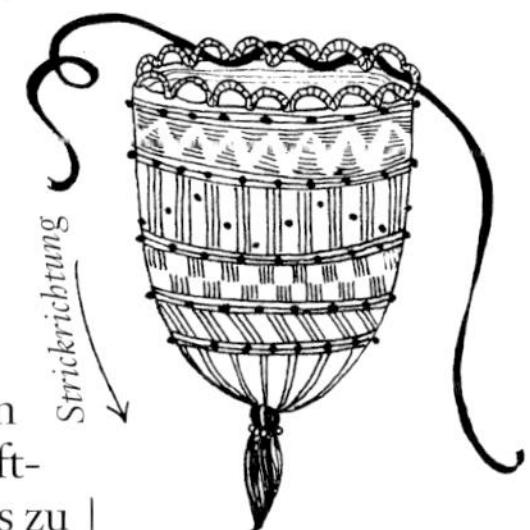

Strickmuster für gestrickten Beutel:
5 Reihen rechts
6. Reihe U \ U \U \ usw.
5 Reihen rechts
U=Umschlag
\ = 2 Maschen verschränkt zusammenstricken
/ = 2 Maschen rechts zusammenstricken
0 = 1 Masche rechts
— =1 Masche links
11 Maschen ergeben das Muster
Nach jedem Mustersatz eine Zwischenreihe

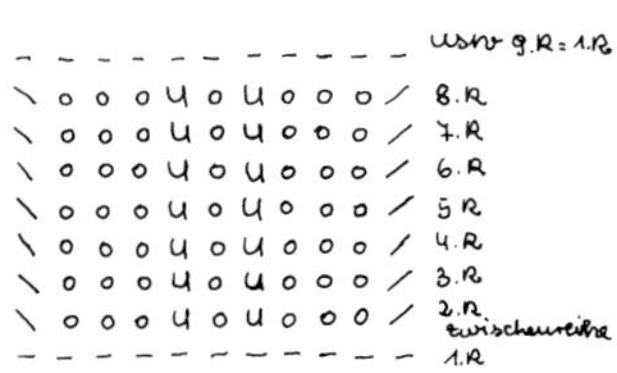

Baumwoll- oder Leinentasche

Wer mehr zu tragen hat, als in einem Beutel Platz findet, für den wird eine Baumwoll- oder Leinentasche genau das Richtige sein. Als Griffe benötigt man dazu ein Paar Metall-, Holz- oder Schildpattringe. Am vorteilhaftesten sind Metallringe, die man im Eisenwarenladen erhält. Man kann sie öffnen und schließen und braucht sie daher beim Waschen der Tasche nicht mühsam herauszutrennen. Als Material für die Tasche dient Blaudruckstoff oder Rohleinen. Sehr gut eignen sich auch schöne alte Leinenbettücher, da sie meist mit Monogrammen oder sonstiger Stickerei verziert sind. Man nimmt einen Stoffstreifen von etwa 50 x 90 cm Größe, säumt ihn an der Längsseite ein und näht an der Breitseite einen etwas breiteren Saum, durch den der Ring gezogen werden kann (Ringe, die sich nicht öffnen, werden erst nach Fertigstellen der Tasche mit der Hand eingenäht). Dann wird der Streifen in der Hälfte zusammengenäht und auf beiden Seiten zu zwei Drittel zugesteppt, so daß kleine Schlitze offenbleiben. Dann werden die unteren Ecken außen oder innen abgenäht. Wenn man sie außen abnäht, befestigt man die Ecken mit einem Knopf (siehe Zeichnung). Bei der Verwendung von einfarbigem Stoff kann man die Tasche vor dem Zusammennähen noch mit einem Monogramm oder Lebensbaum besticken. An die Unterkante wird eine Häkelspitze angenäht. Die Tasche kann nach Belieben auch gefüttert werden.

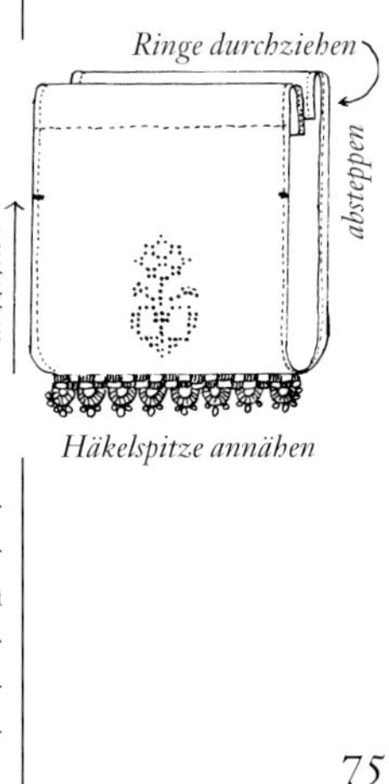

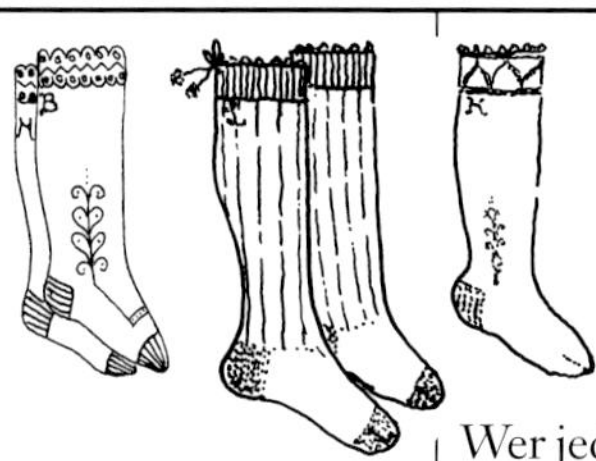

Stutzen

Das Angebot an schönen maschingestrickten Stutzen ist so groß, daß es nicht unbedingt notwendig ist, die Stutzen selbst anzufertigen – vor allem, wenn man keine Meisterin in der Kunst des Strickens ist. Wer Lust hat, kann die gekauften Stutzen jedoch mit wenigen Mitteln und geringem Aufwand individuell gestalten: man bestickt sie mit einem Monogramm oder einem kleinen Lebensbaum. Wer jedoch Übung im Stricken hat, sollte sich einmal die schönen Modelstutzen wagen, für die es einen unerschöpflichen Vorrat an Mustern gibt. Hier möchte ich auf die große Zahl an Musterbüchern hinweisen, die in den letzten Jahren erschienen sind. Besonders hübsch sind auch die einfachen, glatt gestrickten Stutzen aus Baumwollgarn, die nur am Bündchen mit einer Musterborte verziert sind und in die ein andersfarbiges Monogramm eingestickt wird.

Häkelkragen für ein hochgeschlossenes Dirndl

Man häkelt nach Vorlage (siehe Zeichnung) ein Stück Borte in der Länge der Halsausschnittrundung. An der Innenseite der Borte häkelt man feste Maschen, damit eine Rundung entsteht. In der zweiten Reihe werden dann kleine Luftmaschenknopflöcher gehäkelt, damit man den Kragen innen am Dirndlausschnitt anknöpfen kann.

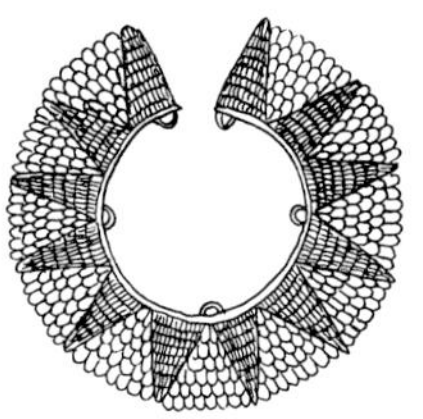

Kragenmuster:
• = Luftmasche
† = Stäbchen

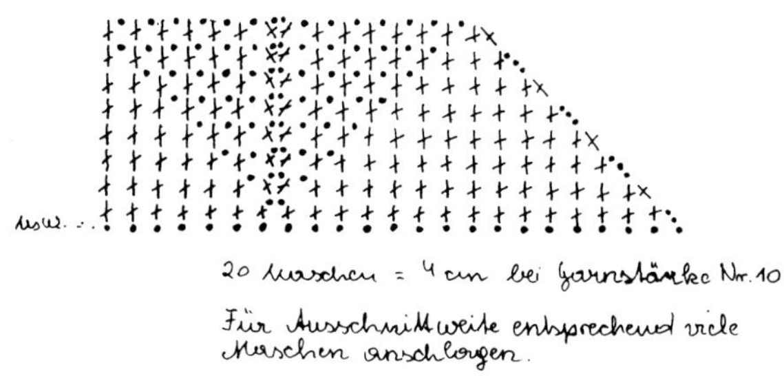

Ziersticke

Zum Abschluß noch ein paar der häufigsten Ziersticke und einige Anregungen für Kreuzstichmonogramme und Lebensbäume.

Hexenstich

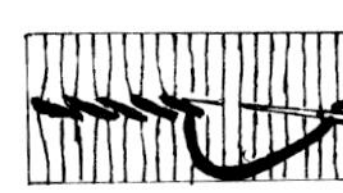
Stielstich

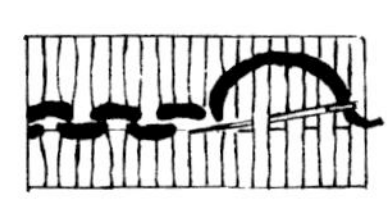
Kabelstich

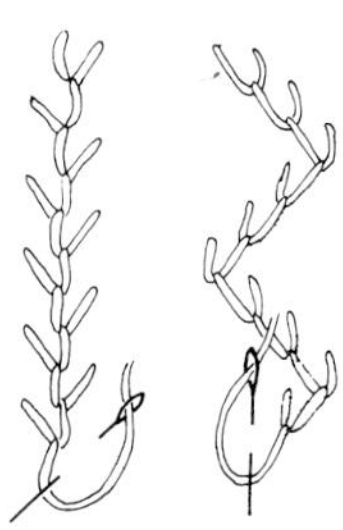
Fischgrätstich

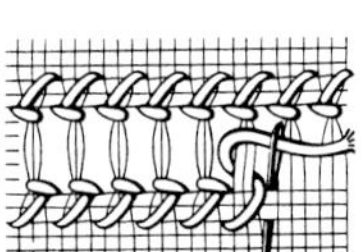
Hohlsaum

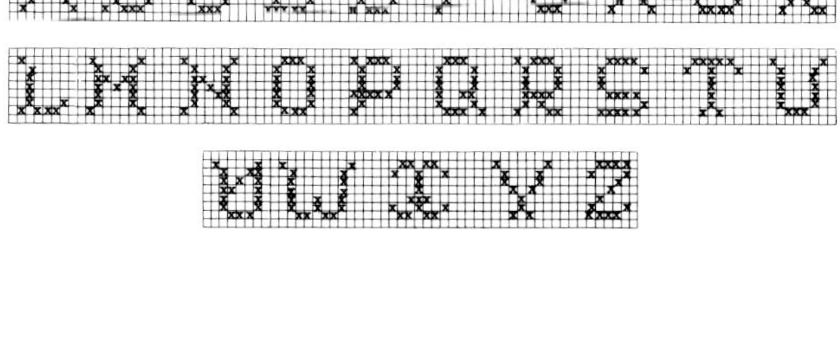

ANDRIAN, Ferdinand: Die Altausseer. Ein Beitrag zur Volkskunde des Salzkammergutes. Unveränderter Nachrdruck der Originalausgabe Wien 1905, Altaussee 1975

BEITL, Klaus/BOCKHORN, Olaf (Hg.): Kleidung–Mode–Tracht. Buchreihe der Österr. Zeitschrift für Volkskunde. Bd. 7. Wien 1987

BUXBAUM, Gerda: Mode aus Wien 1815–1938. Salzburg – Wien 1986

BUXBAUM, Gerda: Habsburg und die Mode. In: 1000 Jahre textiles Österreich, hg. von Vesna Michl-Bernhard, Wien1996

DE DILLMONT, Thérèse: Enzyklopädie der weiblichen Handarbeiten. Mulhouse 1973

FANDERL, Lisl: Bäuerliches Stricken. Rosenheim 1975

GERAMB, Viktor von/MAUTNER, Konrad: Steirisches Trachtenbuch. Graz 1932

GESTICKTE Volkskunst. Kreuzstichmuster. Hg. vom Oberösterreichischen Heimatwerk, Linz, 10. Aufl. 1984

GIERL, Irmgard: Schöne alte Stickereien. Rosenheim 1980

GOCKERELL, Nina/KOSTENZER, Helen: Alte Trachten aus Oberbayern und Tirol. Rosenheim 1976

GRIESHOFER, Franz J.: Die Lederhose. Kleine Kulturgeschichte des alpenländischen Beinkleids. Zusammengestellt von Christian Brandstätter und Franz Hubmann, Husum 1996

GRÜNN, Helene: Bildmappe Volkstracht in Niederösterreich. Wien o. J.

GRÜNN. Helene: Volkstracht in Niederösterreich. Eine Darstellung der lebendigen Tracht. Linz 1971

GRÜNN, Helene: Volkstracht in und um Baden. Wien 1980

HASSFURTHER, Lore-Lotte (Hg.): Landler. Vergessene altösterreichische Tracht in Siebenbürgen. Thaur 1989

HEINE, Heinrich: Reisebilder. Frankfurt 1980

HESS-HABERLANDT, Gertrud: Frauentrachten aus Niederösterreich. Wien 1952

HEUBERGER, Valeria: Unter dem Doppeladler. Die Nationalitäten der Habsburger Monarchie 1848–1918. Wien–München 1997

HINGST, Wolfgang / MACKWITZ, Hanswerner: Reiz-Wäsche. Unsere Kleidung: Mode, Gifte, Öko-Look. Frankfurt am Main 1996

HOLAUBEK-LAWATSCH, Gundl: Alte Volkskunst. Steirische Trachten. Graz 1983

JOHLER, Reinhard/NIKITSCH, Herbert/TSCHOFEN, Bernhard (Hg.): Schönes Österreich. Heimatschutz zwischen Ästhetik und Ideologie. Wien, Österreichisches Museum für Volkskunde 1995

KAMMERHOFER-AGGERMANN, Ulrike/SCOPE, Alma/HAAS, Walburga: Trachten nicht für jedermann? Heimatideologie und Festspieltourismus dargestellt am Kleidungsverhalten in Salzburg zwischen 1920 und 1938. Salzburger Beiträge zur Volkskunde, Band 6, Salzburger Landesinstitut für Volkskunde 1993

KAMMERHOFER-AGGERMANN, Ulrike: Die Anfänge der Salzburger Heimatwerks- und Heimatpflegeidee. In: Volkskunde und Brauchtumspflege im Nationalsozialismus in Salzburg. Bericht zur Tagung am 18. und 19. November 1994 in der Salzburger Residenz. Salzburger Beiträge zur Volkskunde, Band 8, Salzburger Landesinstitut für Volkskunde 1996

KLEIDUNG zwischen Tracht und Mode. Aus der Geschichte des Museums 1889–1989. Museum für Volkskunde, Staatliche Museen zu Berlin. Berlin 1989

KOSCHATZKY, Walter (Hg.): Erzherzog Johann von Österreich: Der Brandhofer und seine Hausfrau. 3. Aufl., Wien 1978

KOSCHIER, Franz: Kärntner Trachten. Lebendige Kärntner Volkstracht. 3., erweiterte Aufl., Klagenfurt 1983

LIPP, Franz C.: Grundtypen der Männertracht. In: Österreichischer Volkskundeatlas, Wien 1968
LIPP, Franz C.: Grundtypen des Frauenkleides und Kopfbedeckungen. In: Österreichischer Volkskundeatlas, Wien 1971
LIPP, Franz C.: Eine europäische Stammestracht im Industriezeitalter. München 1977
LIPP, Franz C. Goldhaube und Kopftuch. Linz 1980
LIPP Franz C.: Oberösterreichische Trachten, Folge 1–5 (Im ganzen Land gültige Trachten, Innviertel, Mühlviertel, Landl-Hausruck und Traunviertel, Salzkammergut und Eisenwurzen). Linz 1950–1960
LIPP Franz C.: Oberösterreichische Trachten Folge 1, 2., erweiterte Aufl. (Im ganzen Land gültige Trachten). Linz 1982
LIPP, Franz C: Das Ausseer Gwand. Urtrachten, Blütezeit im 18. und 19. Jahrhundert, Gegenwart. Zugleich ein Wegweiser durch die Trachtensammlungen des Kammerhofmuseums in Bad Aussee. Schriftenreihe des Kammerhofmuseums Bad Aussee, Band 14, Bad Aussee 1992
LIPP, Franz C./ LÄNGLE, Elisabeth/ TOSTMANN, Gexi/ HUBMANN, Franz (Hg): Tracht in Österreich. Wien 1984
LOSCHEK, Ingrid: Reclams Mode- und Kostümlexikon. 3. Aufl. Stuttgart 1994
MRAZ, Gerda/Österreichische Nationalbibliothek (Hg.): Österreich-Ungarn in Lied und Bild. Ein Hochzeitsgeschenk an Kaiserin Elisabeth 1854. Wien – München 1997
NUSSBECK, Ulrich: Schottenrock und Lederhose. Europäische Nachbarn in Symbolen und Klischees. Kleine Schriften der Freunde des Museums für Volkskunde, Heft 14, Berlin 1994
PESENDORFER, Gertrud: Neue deutsche Bauerntrachten. Tirol. München 1938
PESENDORFER, Gertrud: Lebendige Tracht in Tirol. 2. Aufl., Innsbruck 1981
PETRASCHECK-HEIM, Ingeborg: Die Sprache der Kleidung. Wesen und Wandel von Tracht, Mode, Kostüm und Uniform. Wien 1966
POKORNY, Margareta: Wie aus Kreuzstichen Muster entstehen. Eine Auswahl aus meinen Sammlungen. Oberösterreichisches Heimatwerk, Linz 1977
PRICKLER, Clara: Volkskunst zum Anziehen. Erneuerte burgenländische Trachten. Eisenstadt 1986
PRODINGER, Friderike/HENISCH, Reinhard: Gewand und Stand – Kostüm- und Trachtenbilder der Kuenburg-Sammlung. Salzburg 1983
RATTELMÜLLER, Paul Ernst: Dirndl, Janker, Lederhosen. München 1970
RATTELMÜLLER, Paul Ernst: Die Volkskunst in Bayern. Dachau 1997
SALZBURGER Heimatpflege und Kammer der gewerblichen Wirtschaft für Salzburg (Hg.): Salzburger Trachtenmappe II. Salzburg o. J.
SCHMIDT, Leopold: Volkstracht in Niederösterreich. Eine Einführung nach Erscheinungsform, Funktion und Geschichte. Linz 1969
SCHÜRCH, Lotte/WITZIG, Luise: Trachten der Schweiz. Bern 1978
SCOPE, Alma: Bühnen der Volkstümlichkeit. Die Bedeutung Salzburgs und der Festspiele für die Trachtenmode. In: Trachten nicht für jedermann? Heimatideologie und Festspieltourismus dargestellt am Kleidungsverhalten in Salzburg zwischen 1920 und 1938 (Salzburger Beiträge zur Volkskunde Bd. 6), Salzburg 1993
SZEIBERT-SÜLZENFUHS, Rita: Die Münchnerinnen und ihre Tracht. Dachau 1997
THIEL, Erika: Geschichte des Kostüms. Die europäische Mode von den Anfängen bis zur Gegenwart. Ergänzte und aktualisierte Aufl., Berlin 1997
TILKE, M.: Kostümschnitte und Gewandformen. Tübingen 1945
TILKE, M.: Trachten und Kostüme aus Europa, Afrika und Asien in Form, Schnitt und Farbe. Tübingen 1978
WEISSENGRUBER, Thekla: Die Tracht einst und heute. In: 1000 Jahre textiles Österreich, hg. von Vesna Michl-Bernhard, Wien1996
ZWITTNIG, Katharina: Alte Volkskunst – Häkeln. Stuttgart 1984

Inhalt

Die Deutsche Bibliothek – CIP-Einheitsaufnahme

Das Dirndl :
alpenländische Tradition und Mode / Gexi Tostmann. -
Wien ; München : Brandstätter, 1998
ISBN 3-85447-781-3

3. Auflage 2000

Die graphische Gestaltung und der Entwurf des Schutzumschlages
stammen von Christian Brandstätter.
Das Lektorat erfolgte durch Brigitte Stammler, die Herstellung durch Franz Hanns.
Gesetzt wurde aus der Janson, 10 auf 14 Punkt.
Die Gesamtherstellung des Werkes erfolgte durch
Grasl Druck & Neue Medien in Bad Vöslau.

Die Handarbeitsanleitungen verfaßte Karin Hausherr,
die Zeichnungen dazu fertigte Bibiane Mitterbauer an.

Bildquellennachweis:
Gexi Tostmann (S. 2, 4, 5, 6, 7, 8 u., 10, 12, 13, 14, 15, 16, 17, 19, 21, 22 [2], 28, 32, 35 oben, 36, 38, 41,
42, 43, 44, 45, 46, 47, 48, 49, 50, 51, 52, 53, 54, 55, 56, 57, 58, 59, 60, 61, 62, 63, 64, 68, 69);
Verlag Christian Brandstätter, Bildarchiv (S. 9, 18, 27);
Austrian Archives/Christian Brandstätter, Wien (S. 1, 8 o. [Helmut Nemec],24 [2], 25, 26 [2], 29, 70);
Archiv der Max-Reinhardt-Forschungs- und Gedenkstätte, Salzburg (S. 20, 34 [2], 35 unten)
Central Zionist Archives, Jerusalem (S. 37)

ISBN 3-85447-781-3

Christian Brandstätter Verlagsgesellschaft m. b. H.
A-1080 Wien, Wickenburggasse 26
Telephon (+43-1) 408 38 14 · Telefax (+43-1) 408 72 00
e-mail: books@cbv.co.at